westermann

Bernhard Finkenzeller, Klaudia Knötschke, Anke Lohan, Uta Mengel
Unter Mitarbeit von: Uwe Herrmann

Fahrzeuglackierer

Arbeitsaufträge
Lernfelder 5-12

1. Auflage

Bestellnummer 231641

Die Seiten dieses Arbeitshefts bestehen zu 100 % aus Altpapier.

Damit tragen wir dazu bei, dass Wald geschützt wird, Ressourcen geschont werden und der Einsatz von Chemikalien reduziert wird. Die Produktion eines Klassensatzes unserer Arbeitshefte aus reinem Altpapier spart durchschnittlich 12 Kilogramm Holz und 178 Liter Wasser, sie vermeidet 7 Kilogramm Abfall und reduziert den Ausstoß von Kohlendioxid im Vergleich zu einem Klassensatz aus Frischfaserpapier. Unser Recyclingpapier ist nach den Richtlinien des Blauen Engels zertifiziert.

Druck und Bindung: Westermann Druck GmbH, Georg-Westermann-Allee 66, 38104 Braunschweig

ISBN 978-3-14-**231641**-3

Vorwort

Projekte, praxisorientierte Aufgaben und Kundenaufträge sind für den handlungsorientierten Unterricht das bestimmende Element. Neben den Lehrbüchern als zentrale Informationsquelle setzen Sie den Startpunkt der jeweiligen Lerneinheiten, geben eine sinnvolle Reihenfolge des Unterrichtsstoffes vor und führen zu für alle einsichtigen Zielen. In der Präsentation der Aufgabe und der kritischen Bewertung wird der Lernerfolg erfahrbar gemacht.

Nutzerhinweise

Das Arbeitsheft ergänzt das Fachbuch
Fahrzeuglackierer
Lernfelder 5–12

Beim Bearbeiten der Aufgaben sollten Sie weitere Informationsquellen nutzen wie z. B.
Tabellenbücher, Fachliteratur, Lexika, Fachzeitschriften, Internet, DIN-Normen, Technische Merkblätter.

Die in den Arbeitsaufträgen verwendeten Icons sind Hinweise auf besondere Aufgaben:

Praxisbezogene Entscheidungsfragen

Fachbezogene Diskussion

Vorschlag zur Durchführung von Experimenten

Internetrecherche durchführen

Zur Lösung der Aufgaben des Arbeitshefts werden folgende Arbeitsmittel benötigt:
- Bleistifte,
- Buntstifte,
- Lineal,
- Klebstoff,
- Schere,
- Zirkel,
- Pinsel und Malfarben z. B. Schultempera und Volltonabtönfarben,
- Taschenrechner.

Inhaltsverzeichnis

KUNDENAUFTRAG

Ein Autohändler hat einen Unfallwagen erworben, der von Ihrer Lackiererei wieder hergerichtet werden soll. Die Seitentür muss dabei komplett ersetzt und farblich angepasst werden. Der Autohändler ist ein guter Freund des Lackierereibesitzers und kennt die Werkstatt noch nicht. Aus diesem Grund hätte er gerne eine Führung durch die Bereiche der Lackiererei. Sie werden beauftragt, diese durchzuführen.

Objektbeschreibung

Fahrzeug:	Mazda
Farbton:	rot
Seitentür hinten:	verbeult und zerkratzt
Seitenwand hinten:	verbeult und zerkratzt
Schweller:	verbeult

Auszuführende Arbeiten

- Ersetzen der hinteren Seitentür
- Behebung der Lackschäden der hinteren Seitenwand und des Schwellers nach dem Ausbeulen
- Beschichtung

Hinweis

Beachten Sie die technischen Merkblätter auf den folgenden Seiten.

HS-System-Füller

Technisches Merkblatt

Untergrund:

- Ausgehärtete Lackierung, geschliffen (ausgenommen TPA)
- Werkzeuggrundierung und KTL, geschliffen
- Standox Polyester-Produkte, geschliffen
- UP-GF, geschliffen

Blanke Metalluntergründe müssen mit Standox Säureprimer vorgrundiert werden.

Vorbehandlung/ Reinigung:

Untergrundvorbehandlung beachten!
Siehe Standox Lackiersystem S1

Falls das Tragen der persönlichen Schutzausrüstung nicht gesetzlich vorgeschrieben ist, wird es von uns empfohlen.

Festkörperanteil (ohne Verdünnungszugabe):

- 69,5–70,6 Gew.-%
- 47,5–48,8 Vol.-%

Theoretische Ergiebigkeit:

- 5,7 m²/l bei 80 µm Trockenschichtdicke

Verarbeitung: VOC-System

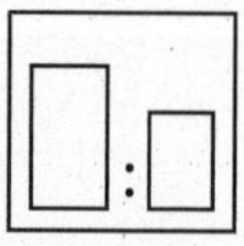

7:1 mit allen Standox VOC-Härtern
Potlife 90–120 min/18–22 °C

10 % Standox VOC-Verdünnung
22–24 s/DIN 4 mm/20 °C
61–68 s/ISO 4 mm/20 °C

Compliant 1,6–1,8 mm
1,5–3,0 bar Eingangsdruck
2–3 = max. 250 micron

HVLP 1,6–1,9 mm
0,7 bar Zerstäuberdruck
2–3 = max. 250 micron

Lufttrocknung über Nacht/18–22 °C oder 30–40 min/60–65 °C Objekttemperatur

Kurzwellig 10–15 min
(siehe Standox Lackiersystem S10)

P800

P400–P500
Exzenter-Schleifmaschine

Standocryl VOC-Autolack oder Standohyd/Standoblue Basecoat mit Standocryl VOC-Klarlacken

Acryl-2K-HS-Klarlack

Technisches Merkblatt

Untergrund:

- Standohyd Basecoat
- Standoblue Basecoat

Vorbehandlung/ Reinigung:

Untergrundvorbehandlung beachten!
Siehe Standox Lackiersystem S1

Falls das Tragen der persönlichen Schutzausrüstung nicht gesetzlich vorgeschrieben ist, wird es von uns empfohlen.

1,5 Spritzgänge =
1/2 Spritzgang +
1 normaler Spritzgang ohne
Zwischenabluft zu applizieren

Festkörperanteil (ohne Verdünnungszugabe):

- 59,0 Gew.-%
- 53,3 Vol.-%

Theoretische Ergiebigkeit:

- 10 m²/l bei 50 µm Trockenschichtdicke

Verarbeitung: HS-System

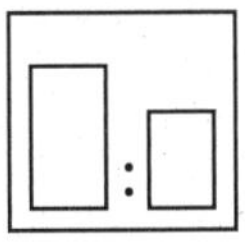

2:1 mit allen
Standox 2K-HS-Härtern
Potlife 1,5 h/18–22 °C

Spritzfertig
22–24 s/DIN 4 mm/20 °C
53–61 s/ISO 4 mm/20 °C

Compliant 1,3–1,4 mm
2,0–2,5 bar Eingangsdruck
0,5 + 1 = 50–60 micron

HVLP 1,3–1,5 mm
0,7 bar Zerstäuberdruck
0,5 + 1 = 50–60 micron

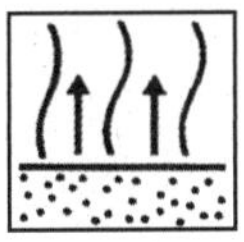

10–15 min/18–22 °C
Endabluft

Lufttrocknung über Nacht/18–22 °C oder
30–40 min/60–65 °C Objekttemperatur

Kurzwellig 8–12 min
(siehe Standox Lackiersystem S10)

Wichtige Hinweise:

- Das Überlackieren von 2K-HS-Klarlack innerhalb von 24 Stunden ohne Zwischenschliff ist möglich.
- In Ländern ohne VOC-Gesetzgebung kann auch konventioneller Basislack verwendet werden.

ERSETZEN DER HINTEREN SEITENTÜR

Bevor die neue Seitentür geliefert wird und die Lackierarbeiten beginnen können, soll der Kunde eine Werkstattbesichtigung erhalten. Nach Lieferung der Seitentür erfolgt die Prüfung der Werkslackierung.

Leistungsbeschreibung

Pos. 1 Werkstattbesichtigung
Pos. 2 Untergrundprüfung

Pos. 1 Werkstattbesichtigung

Aufgabe 1

Ein Lackierbetrieb ist in verschiedene Bereiche gegliedert.

a) Benennen Sie die verschiedenen Bereiche des Lackierbetriebs.

b) Zeichnen Sie in das vorgegebene Feld den Grundriss Ihres Lackierbetriebes ein.

Aufgabe 2

Warum sollte in der Vorbereitungszone ein Unterdruck herrschen?

Aufgabe 3

Welche technischen Einrichtungen und Parameter sollte der Lackierbereich aufweisen, um ein optimales Lackierergebnis zu erhalten?

Aufgabe 4

Sie bekommen den Auftrag, sämtliche Filter der Lackieranlage zu kontrollieren und ggf. zu erneuern.

a) Welche Filter müssen Sie überprüfen?

b) Sie stellen fest, dass die Bodenfilter verschmutzt sind. Welche Auswirkungen können sich dadurch ergeben?

c) Wann muss ein Bodenfilter ausgewechselt werden?

d) Erklären Sie den Weg des Luftstroms an folgender Skizze, indem Sie die nötigen Pfeile einzeichnen.

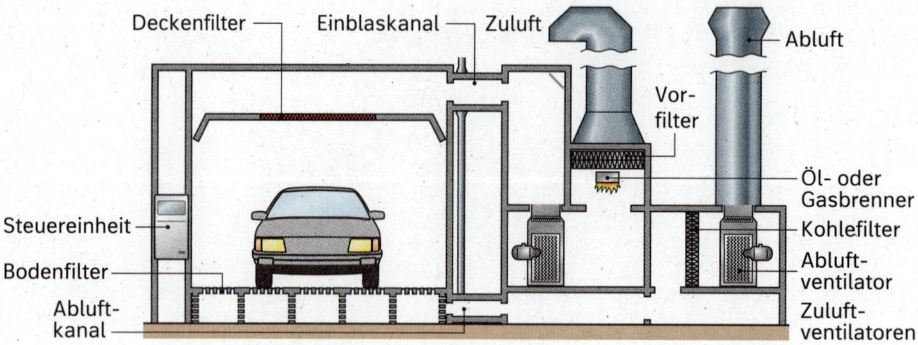

Aufgabe 5

Erklären Sie, warum in den unterschiedlichen Bereichen des Lackierbetriebes der VOC-Grenzwert nicht überschritten werden darf und wodurch dies geregelt wird.

Aufgabe 6

Eine Freundin von Ihnen ist technisch interessiert und weiß, dass bei älteren Kabinen der Zuluftstrom durch Luftklappen geregelt wird. Sie möchte wissen, wie dies bei modernen Anlagen gesteuert wird.

a) Erklären Sie Ihr die Funktionsweise einer Frequenzsteuerung in modernen Anlagen.

b) Welche Vorteile bietet eine Frequenzsteuerung gegenüber einer Steuerung mit Abluftklappen?

Aufgabe 7

In einem Lackierbetrieb sollen gute Lichtverhältnisse herrschen.

a) Welches Beleuchtungssystem hat sich in einem Fahrzeuglackierbetrieb bewährt?

b) Eine Leuchtstoffröhre ist defekt. Weshalb ist es ratsam alle Leuchtstoffröhren zu wechseln?

Pos. 2 Untergrundprüfung

Aufgabe 8

Bevor Sie die gelieferte Seitentür beschichten, müssen Sie eine Untergrundprüfung durchführen. Welche Prüfmethoden können Sie an der Werksgrundierung durchführen?

Aufgabe 9

Welche Prüfergebnisse sind hier zu sehen und welche Maßnahmen müssen getroffen werden?

Prüfergebnis	Erklärung	Maßnahme
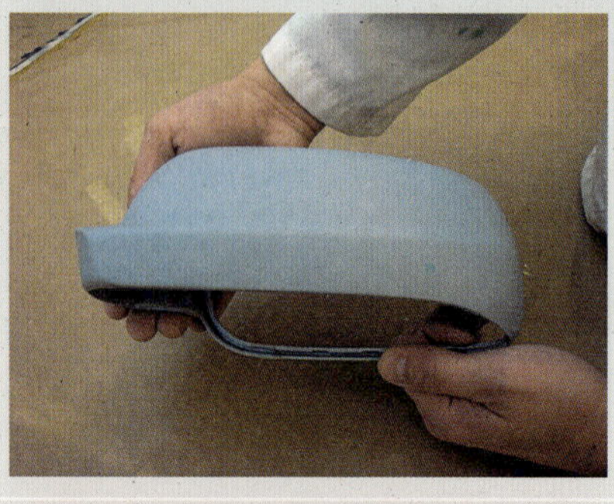		
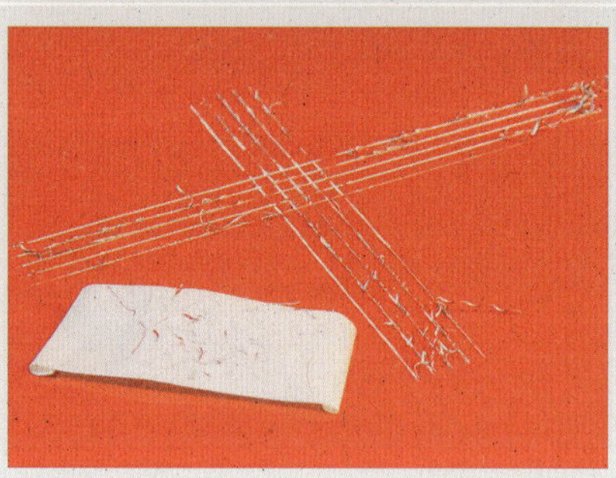		

BEHEBUNG DER LACKSCHÄDEN DER HINTEREN SEITENWAND UND DES SCHWELLERS NACH DEM AUSBEULEN

Da die defekte Stelle am Fahrzeug schwer zugänglich ist, müssen Sie den Wagen auf die Hebebühne fahren.

Leistungsbeschreibung

Pos. 1 Abdeckarbeiten ausführen
Pos. 2 Hebebühne verwenden

Pos. 1 Abdeckarbeiten ausführen

Aufgabe 10

Die neue Seitentür können Sie demontiert beschichten. Um die Lackschäden an der hinteren Seitenwand und dem Schweller beheben zu können, müssen Sie eine Abdeckung vornehmen. Welche Materialien kommen dafür infrage und woraus bestehen diese?

Aufgabe 11

Nennen Sie vier Nachteile, die ein Abdecken mit Abdeckpapier haben kann.

Aufgabe 12

a) Welche Eigenschaften sollten Klebebänder aufweisen?

b) Sie haben ein Klebeband von einem Kollegen erhalten, aber es besitzt keine Klebekraft mehr. Auf Nachfrage sagt der Kollege Ihnen, dass er das Klebeband auf dem Fensterbrett gefunden hat. Erklären Sie die fachgerechte Lagerung von Klebebändern.

c) Was müssen Sie beim Abziehen des Klebebandes vom Untergrund beachten?

Pos. 2 Hebebühne verwenden

Aufgabe 13

Nachdem die Abdeckarbeiten erfolgt sind, können die Lackschäden an der Seitenwand und dem Schweller behoben werden. Was müssen Sie bei der Bedienung der Hebebühne auf jeden Fall berücksichtigen?

Aufgabe 14

Welche Unfallgefahren können bei unsachgemäßer Benutzung der Hebebühne entstehen?

Aufgabe 15

a) Welche Arten von Hebebühnen werden in Fahrzeuglackierbetrieben eingesetzt?

b) Benennen Sie die folgenden Hebebühnen.

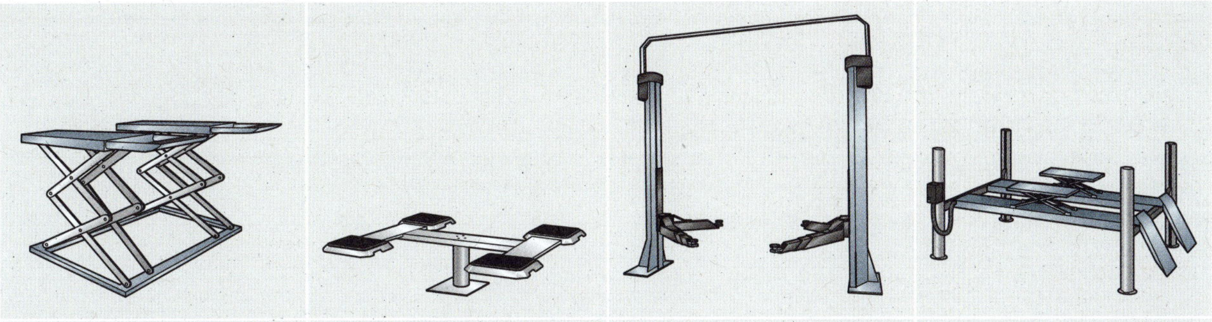

Aufgabe 16

Sie erhalten von Ihrem Arbeitgeber den Auftrag, sich über den regelmäßigen Wartungs- und Pflegeaufwand von Hebebühnen zu informieren. Zählen Sie auf, was bei Hebebühnen gewartet und geprüft werden muss.

BESCHICHTUNG

Damit Sie Spritzfehler vermeiden, muss der geeignete Beschichtungsstoff gewählt und fachgerecht angewendet werden.

Leistungsbeschreibung

Pos. 1 Verwendung einer geeigneten Beschichtung
Pos. 2 Abfallentsorgung

Pos. 1 Verwendung einer geeigneten Beschichtung

Aufgabe 17

Wie würden Sie entscheiden?
Ein Lackierbetrieb ist in verschiedene Bereiche gegliedert.
a) Zum Beschichten des Fahrzeugs muss Ihnen eine Atemschutzmaske zur Verfügung stehen. Ihr Arbeitgeber ist der Ansicht, dass Sie selbst dafür verantwortlich sind. Recherchieren Sie im Internet, ob er recht hat.

Wie würden Sie entscheiden?
b) Für die anstehenden Spritzarbeiten mit lösemittelhaltigen Lacken sollen Sie einen geeigneten Atemschutz wählen. Für welche Maske und welchen Filter würden Sie sich entscheiden? Begründen Sie Ihre Entscheidung.

Aufgabe 18

Wo und wie müssen Sie die Maske lagern, wenn Sie sie nicht benutzen?

Aufgabe 19

Ihr Meister weist Sie darauf hin, dass Sie unter anderem einen 2-K-Füller (HS) für die Spritzarbeiten benötigen. Informieren Sie sich, was HS bedeutet und suchen Sie aus dem technischen Merkblatt des Kundenauftrags die Bestandteile heraus.

Aufgabe 20

a) Warum muss beim Anmischen des Füllers das richtige Mischungsverhältnis beachtet werden?

Wie würden Sie entscheiden?

b) Diskutieren Sie mit Ihrem Kollegen, welche Fehler in Ihrem Betrieb bereits durch falsche Mischungsverhältnisse aufgetreten sind.

Aufgabe 21

Sie sollen für einen Kollegen 2,500 l spritzfertige Lackfarbe im Verhältnis 3 : 1 anmischen.

a) Wie viel Liter Stammlack und Härter benötigen Sie dafür?

b) Um die geeignete Spritzviskosität zu erhalten, müssen Sie dem Lack noch 15 % Verdünnung beifügen. Wie viel Liter Verdünnung benötigen Sie?

Aufgabe 22

Ihr Arbeitgeber gibt Ihnen den Auftrag, einen 2-K-Primer im Verhältnis 4:1 anzumischen. Zusätzlich sollen Sie 13 % Verdünnung beimengen, um ihn verarbeitungsfähig einzustellen. Berechnen Sie die Menge des verarbeitungsfähigen Primers, wenn Sie 3,000 l Stammlack verarbeiten sollen.

Aufgabe 23

Zur Applikation des VHS-Grundfüllers setzen Sie eine Fließbecher-Pistole mit einer 1,6-mm-Farbdüse ein.

a) Ihnen stehen zwei Spritzpistolen zur Auswahl: Eine HVLP- oder eine ältere Hochdruck-Spritzpistole. Ihre Entscheidung ist von den Eigenschaften der Spritzverfahren abhängig. Ordnen Sie folgende Angaben der jeweiligen Spritzpistole zu und tragen Sie diese in die Tabelle ein.

ca. 440 l/min – 30 % – 40 % – ca. 10 cm – 20 cm – geringer – ca. 3,0 – 5,0 bar – 65 % – 80 % – ca. 360 l/min – ca. 2,0 bar – viel – etwas gröber/sehr gut – ca. 20 cm – 30 cm – sehr fein/sehr gut

Spritzpistole	Hochdruck	HVLP
Pistoleneingangsdruck		
Luftverbrauch		
Overspray		
Zerstäubung/Spritzbild		
Übertragungsrate		
Abstand zum Objekt		

b) Weshalb wählen Sie eine Düsengröße von 1,6 mm für den Füllerauftrag?

Aufgabe 24

Worin liegt der Unterschied zwischen einer HVLP- und LVLP-Spritzpistole?

Aufgabe 25

Sie werden beauftragt, einen neuen Kotflügel zu lackieren. Welche Parameter müssen Sie vor dem Lackieren an der Spritzpistole und am Lackmaterial überprüfen?

Aufgabe 26

Sie verwenden beim Spritzen des Decklackes eine HVLP-Pistole mit einem RPS-Becher als Materialträger. Worauf müssen Sie bei der Verwendung dieses Materialbechers achten?

Aufgabe 27

Bei der unsachgemäßen Handhabung von Spritzpistolen können folgende Fehler auftreten.
Erklären Sie, was hier falsch gemacht wurde.

Problem	Erklärung
Läuferbildung	
Wolkenbildung	
Ungleichmäßiger Lackauftrag	

Aufgabe 28

Nach den jeweiligen Lackaufträgen besteht die Möglichkeit, den Lack beschleunigt zu trocken.

a) Diskutieren Sie die unterschiedlichen Möglichkeiten der beschleunigten Lacktrocknung mit Ihren Mitschülern.

b) Welche Vorteile ergeben sich aus der beschleunigten Lacktrocknung?

Aufgabe 29

Nachdem Sie den Spritzauftrag durchgeführt haben, muss das Werkzeug auseinandergebaut und gereinigt werden. Bringen Sie die einzelnen Schritte durch eine Nummerierung in die richtige Reihenfolge und beschreiben Sie sie.

Pos.	Schritte	Beschreibung

	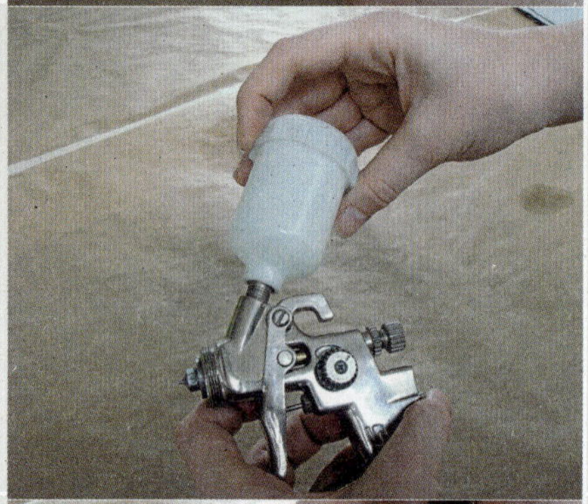	
	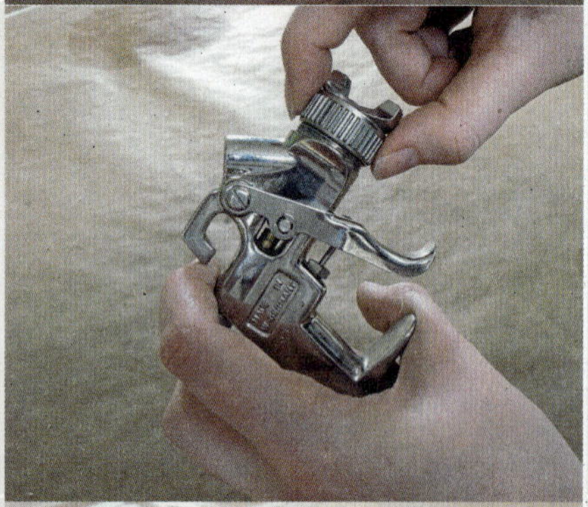	

Aufgabe 30

Zeichnen Sie den Schichtaufbau einer 2-Schicht-, 3-Schicht- und 4-Schicht-Lackierung und benennen Sie die einzelnen Schichten.

2-Schicht-Lackierung	3-Schicht-Lackierung	4-Schicht-Lackierung
Füller	Füller	Füller
Stahlblech	Stahlblech	Stahlblech

Aufgabe 31

Um den geeigneten Schichtaufbau zu wählen, müssen Sie prüfen, welcher Aufbau bereits auf der Seitenwand vorliegt. Bei der Schleifprobe ist folgendes Ergebnis aufgetreten:

a) Um welchen Schichtaufbau handelt es sich? Begründen Sie Ihre Antwort.

b) Ihrem Praktikanten fällt auf, dass er bei derselben Probe an einem anderen Fahrzeug ein anderes Ergebnis hatte. Erklären Sie Ihm den Unterschied.

Aufgabe 32

Ihr Arbeitgeber gibt Ihnen den Auftrag, eine Schichtdickenermittlung vorzunehmen. Zuerst sollen Sie erklären, warum diese Messung beim Beschichtungsaufbau notwendig ist.

Aufgabe 33

Sie haben eine Nassschichtdicke von 85 μm aufgetragen und messen bei der Trockenschichtdicke 65 μm. Berechnen Sie, wie viel Lösemittel in Prozent beim Trocknen verdunstet sind.

Aufgabe 34

Sie sollen eine Lackierung mit der Trockenschichtdicke von 120 µm vornehmen. Sie wissen, dass der Trocknungsschwund 20 % beträgt. Wie dick muss dann die Nassschichtdicke sein?

Aufgabe 35

Schichtdickenberechnung
Ein Lack ist aus Schichten mit folgenden Nassschichtdicken aufgebaut:

- 1x Grundierung: 15 µm
- 3x Füller: je 20 µm
- 2x Basislack: je 15 µm
- 2x Klarlack: je 45 µm

a) Berechnen Sie die gesamte Nassschichtdicke.
b) Berechnen Sie die Trockenschichtdicke bei einem Festkörpergehalt von 85 %.

Aufgabe 36

Um die Schichtdicken zu messen, schlägt der Auszubildende aus dem ersten Lehrjahr eine Schichtdickenmessung mit der Schichtdicken-Messuhr vor. Warum würden Sie ihm diese Messung nicht empfehlen?

Aufgabe 37

Wie würden Sie entscheiden?

Sie schlagen dem Auszubildenden alternativ folgende Schichtdickenmessungen vor.
Ordnen Sie die Felder der mittleren und rechten Spalte den Feldern der linken Spalte zu, indem Sie die jeweiligen Abkürzungen (MIMV, WSV USV, FTV) unten in die Felder schreiben. In jeder Spalte kommt jedes Verfahren einmal vor.

Magnetinduktives Messverfahren (MIMV)	Die Schallwellen werden an den Schichtgrenzen reflektiert und von der Sonde empfangen. Je nachdem, wie lange die Welle unterwegs war (Hin- und Rückweg zur Schichtgrenze), kann die Schichtdicke bestimmt werden.	Vor Gebrauch des Gerätes findet eine Kalibrierung mit Kalibrierfolien statt. Die Schichtdicke wird dann zu der vorherigen Kalibrierung abgelesen.
Wirbelstromverfahren (WSV)	Die Beschichtung ist unmagnetisch. Der durch Strom erzeugte magnetische Fluss in der Sondenspitze ist somit umso geringer, je dicker die Beschichtungsschicht ist.	Die vom Untergrund reflektierte zeitversetzte Wärmestrahlung wird im Mikroprozessor des Gerätes als Schichtdicke ermittelt.
Ultraschallverfahren (USV)	Ein Laserpuls, der den Lack erwärmt, wird ausgesendet und eine Weiterleitung der Wärmestrahlung bis zum Untergrund erfolgt.	Um eine Kalibrierung des Gerätes zu erhalten, werden Kalibrierfolien zwischen eine Stahlplatte und die Messsonde gelegt.
Photothermisches Verfahren (PTV)	Der hochfrequente Strom I erzeugt Wirbelstörme im Untergrund, wodurch sich das elektrische Feld in der Messsonde ändert. Je nach Schichtdicke ändert sich die Wirkung des elektrischen Feldes.	Zur Messung der Schichtdicke werden Vergleichswerte im Mikroprozessor des Gerätes ausgewertet.

Aufgabe 38

Bei der Wahl des Beschichtungsmittels sollten Sie die Eigenschaften des Bindemittels kennen. Charakterisieren Sie stichwortartig die vier Bindemittelarten AY, AK, EP und PUR. Bereiten Sie in einer Kleingruppe jeweils ein Bindemittel vor und präsentieren dieses dem Rest der Klasse.

Aufgabe 39

Wie würden Sie entscheiden?

Sie sehen, dass Ihr Geselle ohne Handschuhe mit einer Grundierung auf Epoxidharzbasis arbeitet.

a) Weisen Sie ihn auf die Gefahren im Umgang mit 2-Komponenten-Systemen hin.

b) Sie teilen ihm mit, wo er sich darüber informieren kann.

c) Teilen Sie ihm zusätzlich mit, welche persönlichen Schutzmaßnahmen er im Umgang mit Epoxidharz treffen sollte.

d) Sie schauen sich die Gefahrensymbole auf dem Etikett des Gebindes an. Zeichnen Sie das jeweilige Gefahrenpiktogramm zu der entsprechenden Gefahrenbezeichnung auf.

Gefahrenbezeichnung	Gefahrenpiktogramm
Ätzwirkung, Achtung, Gefahr, korrosiv auf Metalle wirkend, hautätzend, augenschädigend	
Gesundheitsschädlich	
Umweltgefährlich, Achtung, Gefahr, gewässergefährdend	

Aufgabe 40

In einem Lackierbetrieb sind Brandschutzbestimmungen einzuhalten.

a) Nennen Sie die Prüfabstände für die aufgeführten Brandschutzmittel und -einrichtungen. Informieren Sie sich hierfür im Internet.

Brandschutzmittel und -einrichtungen	Zeitliche Prüfabstände
CO_2-Löscher	
Pulverlöscher	
Rauchabzug	
Löschdecken	

b) Trotz aller Sicherheitsvorkehrungen ist ein Arbeitsunfall eingetreten. Informieren Sie sich über die sogenannte *Rettungskette* im Internet und schreiben Sie die Schritte in der richtigen Reihenfolge auf.

Aufgabe 41

Messen Sie Ihre Hand nach DIN 420 aus. Bestimmen Sie anschließend die für Sie richtige Handschuhgröße.

Pos. 2 Abfallentsorgung

Aufgabe 42

Nachdem das Fahrzeug wieder instand gesetzt wurde, ist es Ihre Aufgabe, diverse Materialien zu entsorgen. Recherchieren Sie, wie in Ihrer Region Abfälle entsorgt werden müssen.

Material	Entsorgung
	Lackgebinde:
	Filtermatten:
	flüssige Beschichtungsreste:

Aufgabe 43

Ihr Lackierbetrieb strebt eine Abfallvermeidung gemäß dem Abfallrecht an.
Nennen Sie drei Möglichkeiten, wie man dieses Ziel erreichen könnte.

KUNDENAUFTRAG

› Ihre Firma wird beauftragt, die Karosserie-Instandsetzungsarbeiten an einem Fiat Punto, Baujahr 2010, zu übernehmen.

Objektbeschreibung

Das Fahrzeug hat einen Front- und Heckschaden erlitten. Bei diesen Schäden sind Karosserie- und Anbauteile stark verformt worden. Das linke Hinterrad ist defekt.

Fahrzeug: FIAT Punto, Baujahr 2010
Farbton: schwarz
Schäden:
- Front- und Heckschaden
- Karosserie- und Anbauteile verformt
- linkes Hinterrad defekt
- Beleuchtungsanlage defekt

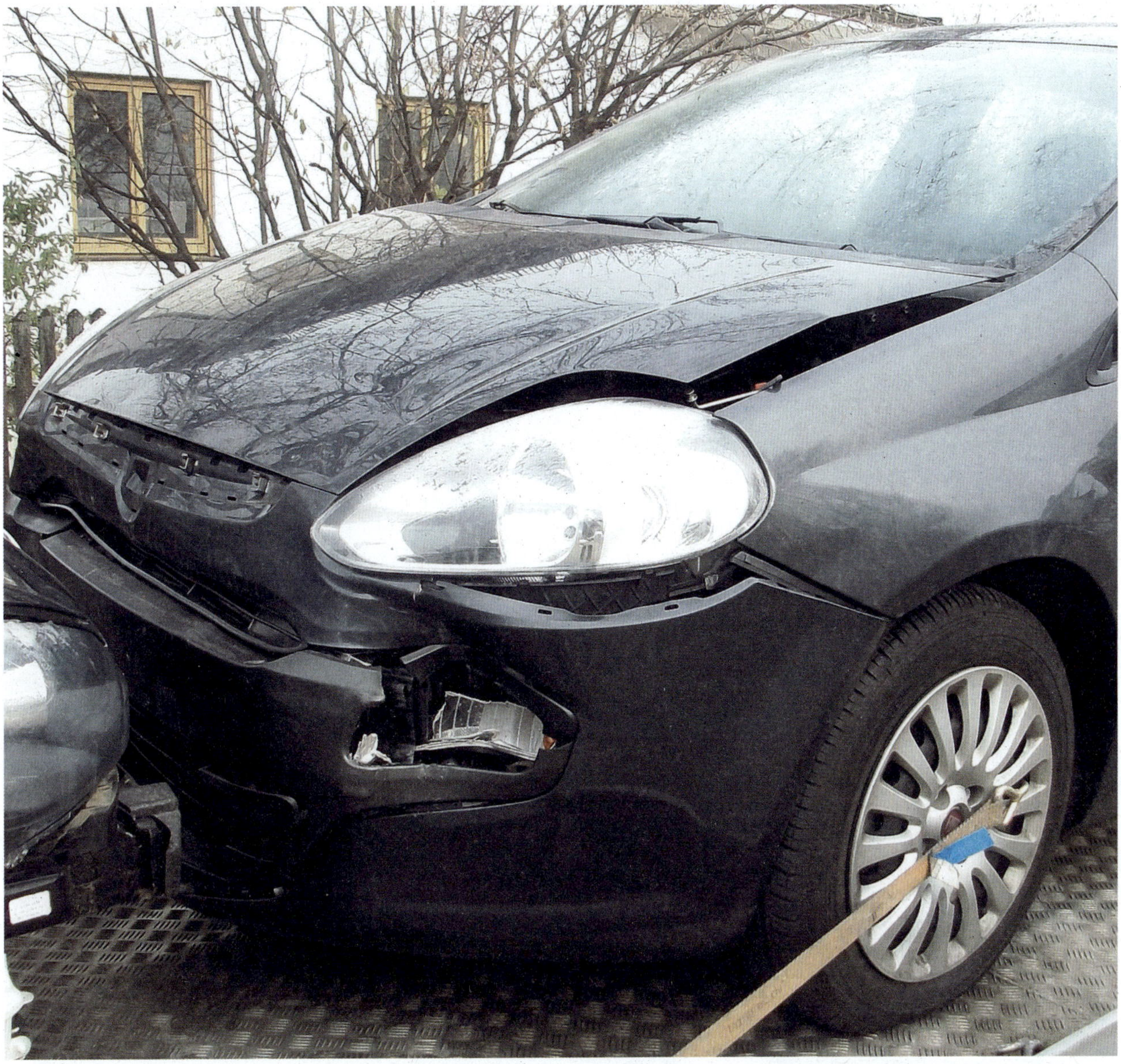

Auszuführende Arbeiten

- Hinterrad demontieren und ersetzen
- Analyse des Schadens
- Kalkulation und Montagearbeiten
- Ausführen von Rückverformungs- und Ausbeularbeiten
- Durchführung einer Abschnittsreparatur
- Austausch der Heckscheibe
- Instandsetzung der elektronischen Systeme und der Beleuchtungsanlage

Aufgabe 1

Domino zur Fahrzeuggeschichte

Angeregt durch eine Ausstellung interessieren Sie sich für die Geschichte des Automobils. Schneiden Sie alle Karten entlang der schwarzen Linien aus. Die Startkarte wird zuerst gelegt. Suchen Sie dann die zu dem Text gehörende Karte mit dem passenden Fahrzeugbild und legen Sie an. Das Spiel endet mit der Zielkarte. Kleben Sie die Lösung auf das folgende Blatt.

Start	Benz' Patentwagen gilt als erstes selbstständig fortbewegendes Automobil		Stärkere Motoren führten zur Streckung der Karosserie		Aerodynamische Keilformen entstanden ab 1960
	In den Nachkriegsjahren wurden preisgünstige Kleinwagen benötigt		Straßenkreuzer bestimmen in den USA das Bild		Die erste selbsttragende Karosserie hatte der Opel Olympia
	Audi entwickelte das erste Serienauto mit Allradantrieb		Der Benz Velo war 1894 das erste in Serie produzierte Fahrzeug		Die Aerodynamik hatte immer mehr Einfluss auf das Design
	Einflüsse des Flugzeugbaus waren beim Tatra 77 zu erkennen		Der 1974 eingeführte Golf wurde das meistverkaufte Auto		Zwischen 1910 und 1920 entstand die Kabinenform
	Ford entwickelte die Fließbandproduktion mit dem T-Modell		Die Karosserieform des Roadsters wurde wiederentdeckt		Der Ford Taunus hatte den Spitznamen *Badewanne* nach seiner Form
	Kunstformen führen zu einer geschwungenen Linie der Kotflügel und Trittbretter		1938 wurde der KdF-Wagen (Käfer) vorgestellt		Kleinstwagen eroberten als Stadtauto den Markt
	Ab 1940 wurden die Kotflügel in eine glatte Seitenlinie einbezogen		Im Ro 80 entstand ein neuer Motor – der Wankelmotor		Die Zukunft liegt im Elektroauto
	Die ersten Fahrzeuge waren kutschenähnlich mit Klappverdeck		Die Pontonform bestimmte das neue Design		Citroen erfand mit DS das Kurvenlicht
	Alte Fahrzeugformen wurden aufgefrischt. Es entstand das Retrodesign		**Ziel**		Alternative Antriebssysteme wurden entwickelt

Lösungsblatt Aufgabe 1

Aufgabe 2

Nach DIN 70010 werden Straßenfahrzeuge in drei Hauptgruppen eingeteilt. Nennen Sie diese drei Hauptgruppen.

Aufgabe 3

Bezeichnen und beschreiben Sie die abgebildeten Fahrzeuge nach DIN 70010.
Beziehen Sie sich dabei auf folgende Merkmale: Aufbauten, Verdeck/Dach, sowie Türen, Fenster und Sitze.

Aufgabe 4

Benennen Sie die nummerierten Teile des angelieferten Fahrzeugs.

1 ______________________ 5 ______________________

2 ______________________ 6 ______________________

3 ______________________ 7 ______________________

4 ______________________ 8 ______________________

Aufgabe 5

Bei Ihren Recherchen zur Fahrzeuggeschichte fielen Ihnen unterschiedliche Karosseriebauweisen auf.
Nennen Sie vier Karosseriebauweisen und erklären Sie eine davon.

Aufgabe 6

Bei Aluminiumkarosserien gibt es zwei Bauweisen. Beschreiben Sie den Unterschied dieser Bauweisen.

Aufgabe 7

a) Erklären Sie den Auszubildenden des 1. Lehrjahres die Unterschiede zwischen aktiver und passiver Sicherheit. Nennen Sie je drei Beispiele zu den beiden Sicherheitsaspekten.

b) Erklären Sie zusätzlich, warum die Entwicklung der Sicherheits-Fahrgastzelle so wichtig ist. Beschreiben Sie den Begriff „Sicherheits-Fahrgastzelle“

HINTERRAD DEMONTIEREN UND ERSETZEN

Das defekte linke Hinterrad ist zu entfernen und muss durch ein neues ersetzt werden.

Leistungsbeschreibung

Pos. 1 Ermittlung des richtigen Reifens und der passenden Felge
Pos. 2 Demontage und Montage des Rades
Pos. 3 Durchführen einer Achsvermessung

Pos. 1 Ermittlung des richtigen Reifens und der passenden Felge

Aufgabe 8

Ein Reifen des Unfallfahrzeuges muss ausgetauscht werden. Auf den Reifen des Punto befindet sich die Reifenkennung 175/50 R 15 75 H. Was bedeuten diese Angaben auf den Reifen?

175	=	
50	=	
R	=	
15	=	
75	=	
H	=	

Aufgabe 9

Auf dem montierten Rad sehen Sie auf der Felge folgende Kennzeichnung: 6Jx15H2 ET 39.
Erläutern Sie Ihrem Kollegen die Kennzeichnung.

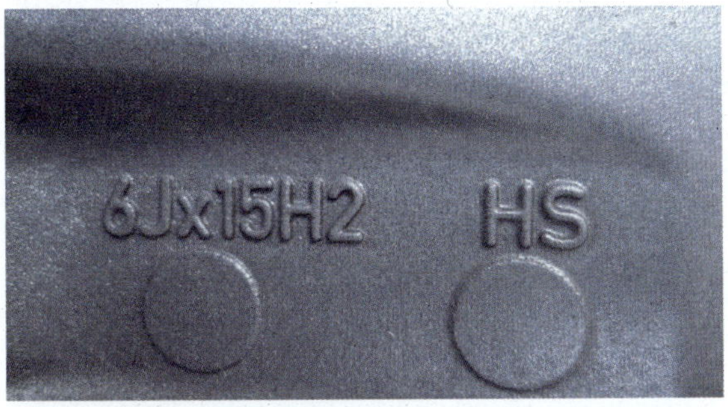

6	=	
J	=	
x	=	
15	=	
H2	=	
ET	=	

Pos. 2 Demontage und Montage des Rades

Aufgabe 10

Wie würden Sie entscheiden?

Finden Sie den Weg aus dem Irrgarten. Entscheiden Sie, ob die Aussagen richtig oder falsch sind. Folgen Sie bei richtigen Aussagen der durchgezogenen Linie, bei falschen Aussagen der unterbrochenen Linie. Die erreichten Buchstaben ergeben in der richtigen Reihenfolge gelesen ein Lösungswort.

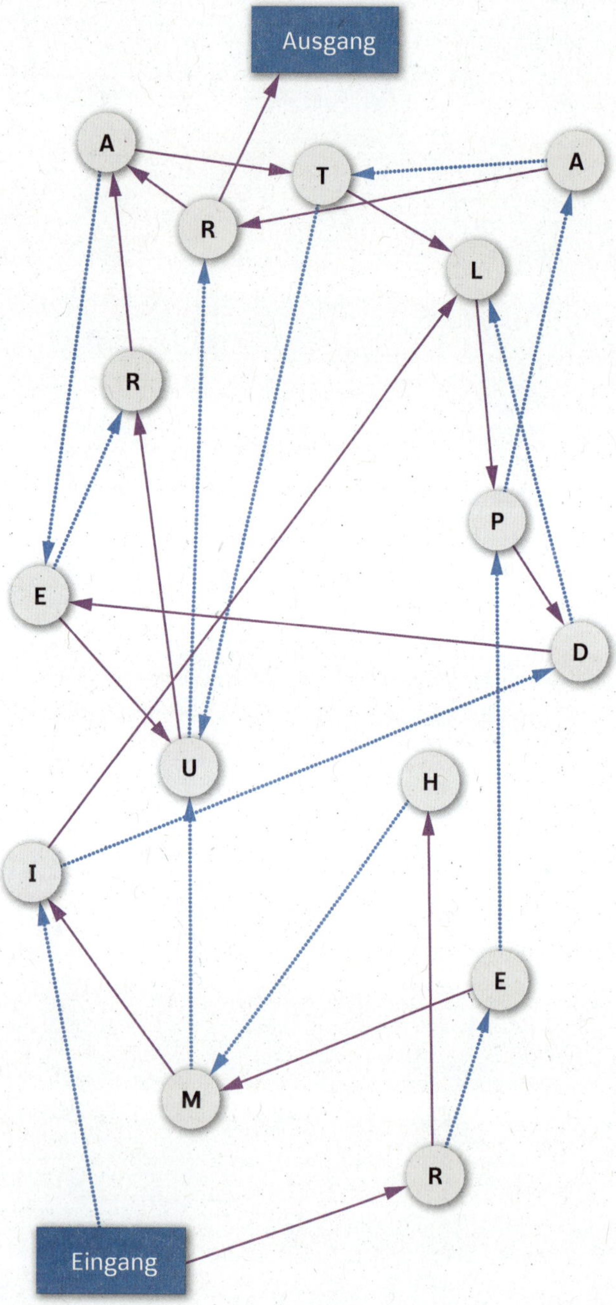

1. Leichtmetallfelgen besitzen eine höhere Empfindlichkeit und einen damit verbundenen höheren Pflegeaufwand. _____
2. Speziell im Sommer werden sie angegriffen und es kann zu Korrosionsschäden kommen. _____
3. Die Schrauben oder Muttern müssen im Uhrzeigersinn angezogen werden, um einen gleichmäßigen Sitz des Rades zu gewährleisten. _____
4. Fester Sitz wird mit dem Radkreuz kontrolliert. _____
5. Der Einstellwert des Drehmomentschlüssels kann zwischen 100–150 Nm liegen. _____
6. Der genaue Wert für den Drehmomentschlüssel ist gewindeabhängig und ist vom Hersteller zu erfragen. _____
7. Alte Drehmomentschlüssel werden immer ungenauer, sodass sie regelmäßig geeicht werden müssen. _____
8. Bevorzugte Schlüsselweiten für Radschrauben sind 12, 14, 16. _____
9. Als Mindestprofiltiefe schreibt der Gesetzgeber 0,6 mm vor. _____

Lösungswort:

1	2	3	4	5	6	7	8	9

Pos. 3 Durchführung einer Achsvermessung

Aufgabe 11

Am Unfallfahrzeug muss eine Achsvermessung durchgeführt werden. Zeichnen Sie in das abgebildete Fahrzeug folgende Radstellungen ein:
a) Spurweite
b) Radstand

Aufgabe 12

Erläutern Sie die Radstellung „Sturz“ und skizzieren Sie die drei Sturzarten.

Positiver Sturz | Sturz 0 (neutral) | Negativer Sturz

Aufgabe 13

Nach der Instandsetzung des Unfallfahrzeuges müssen Sie eine elektronische Achsvermessung durchführen. Nennen Sie Gründe für die Durchführung. Zählen Sie Kontrollen auf, die vor der Vermessung durchzuführen sind.

ANALYSE DES SCHADENS

Das Unfallfahrzeug ist auf alle Schäden zu überprüfen. Eine Karosserievermessung ist durchzuführen.

Leistungsbeschreibung

Pos. 1 Ermittlung aller sichtbaren und versteckten Schäden
Pos. 2 Vermessen der Karosserie

Pos. 1 Ermittlung aller sichtbaren und versteckten Schäden

Aufgabe 14

Bei Unfällen unterscheidet man verschiedene Schadensbilder. Ordnen Sie die aufgeführten Schadensbilder den Abbildungen zu: Frontschaden, Korrosionsschaden, Heckschaden, Seitenschaden.

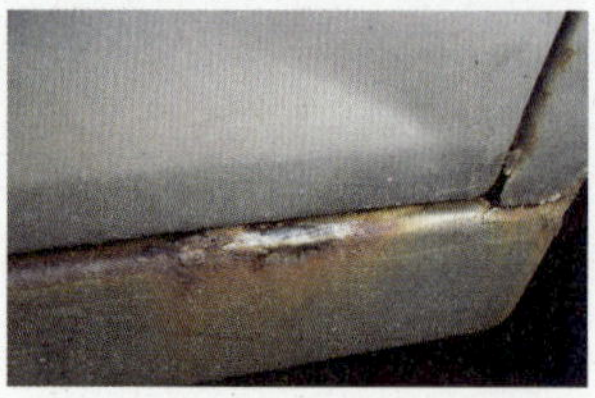

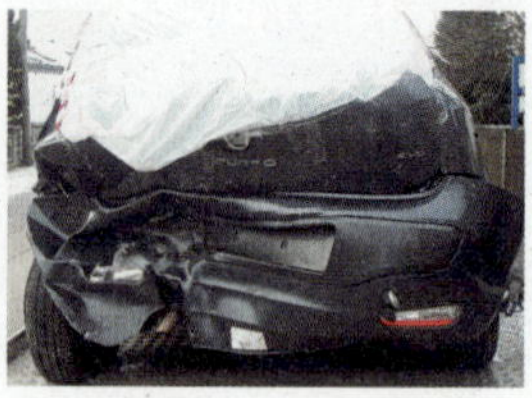

Aufgabe 15

Bezeichnen Sie die in den Bildern erkennbaren Schäden, die durch eine Sichtprüfung erkennbar sind.
Markieren Sie die entsprechenden Schäden mit einem Pfeil.

Glasschaden

Aufgabe 16

Durch eine Sichtprüfung können nicht alle Schäden erkannt werden. Nennen Sie Schäden, die zu den versteckten Schäden gezählt werden.

Pos. 2 Vermessen der Karosserie

Aufgabe 17

Wie würden Sie entscheiden?

Moderne Karosseriekonstruktionen machen es immer schwieriger, den tatsächlichen Schadensumfang nach einem Unfall einzuschätzen. Durch eine Karosserievermessung muss exakt festgestellt werden, wie weit die unfallbedingten Schäden reichen. In der Praxis werden dazu verschiedene Messsysteme eingesetzt. Nennen Sie verschiedene Messsysteme, die dabei zum Einsatz kommen.

Aufgabe 18

Erklären Sie Ihrem Kollegen in Stichpunkten, was bei einer Vermessung geprüft wird und wann eine Reparatur erfolgen muss.

KALKULATION UND DEMONTAGEARBEITEN

Eine Vorkalkulation der Reparaturkosten ist durchzuführen. Alle ermittelten Ersatzteile sind zu bestellen.

Leistungsbeschreibung

Pos. 1 Ermittlung der Reparaturkosten durch eine Kalkulation
Pos. 2 Demontage der Unfallteile

Pos. 1 Ermittlung der Reparaturkosten

Aufgabe 19

Vor der Instandsetzung des Unfallfahrzeuges soll ein Kfz-Sachverständiger die Kosten der Unfallreparatur ermitteln.
a) Welches Fahrzeugdokument braucht der Sachverständige hierfür?
b) Welche Versicherung erstattet den Schaden bei einem nicht selbst verursachten Unfall?

Aufgabe 20

Wie berechnet der Kfz-Sachverständige die Reparaturkosten und worauf greift er zurück, um Reparaturzeiten und Ersatzteilkosten zu ermitteln?

Aufgabe 21

Diskutieren Sie mit Ihren Mitschülern, ob jeder Lackierbetrieb den vom Kfz-Sachverständigen erstellten Reparaturweg einhalten muss. Beschreiben Sie die Ergebnisse.

Aufgabe 22

Ihr Arbeitgeber wünscht, dass Sie für alle durchzuführenden Arbeiten am Unfallfahrzeug eine Dokumentation erstellen.
a) Weshalb ist es ratsam, eine Reparaturdokumentation zu erstellen?
b) Welche Unterlagen gehören zu einer Reparaturdokumentation?

Aufgabe 23

Trotz genauester Planung kann es zu Terminschwierigkeiten kommen, sodass sich die Fertigstellung verzögert. Nennen Sie Ursachen, die den Fertigungstermin verändern können.

Aufgabe 24

Führen Sie für das Fahrzeug im Kundenauftrag eine Schadenskalkulation mit folgenden Angaben durch:
Schadenskalkulation: Fiat Punto Bj. 2010
Schadensart: Front- und Heckschaden

Berechnungsbasis des zu kalkulierenden Fahrzeugschadens:
Werkstattarbeiten 1 AW = 6,20 Euro
Karosseriearbeiten 1 AW = 6,80 Euro
Lackarbeiten 1 AW = 7,10 Euro

Arbeitsaufwand (12 AW = 1 Stunde):
Werkstattarbeiten: 130 AW
Karosseriearbeiten: 380 AW
Lackarbeiten: 400 AW

Zusatzkosten:
Nebenkosten für Unterbodenschutz: 25,00 Euro
Hohlraumkonservierung: 18,00 Euro
Lackiermaterial = 124 ME (Materialeinheiten) à 9,50 Euro

Ersatzteilkosten:
Ersatzteilmaterial: 3427,50 Euro
Kleinersatzteile (4 % vom Ersatzteilmaterial)
Schwemm-Material: 35,50 Euro

Berechnen Sie die Reparaturkosten ohne und mit MwSt. und tragen Sie die Ergebnisse in die Tabelle ein.

Schadenskalkulation			
Arbeitslohn	**Zeitbasis 12 AW = 1 h**	**Euro**	**Euro**
Werkstattarbeiten			
Karosseriearbeiten			
Gesamtsumme Arbeitslohn			
Nebenkosten Unterboden + Hohlraumkonservierung			
Lackierung	**Zeitbasis 12 AW = 1h**		
Lackierarbeiten			
Lackiermaterial			
Gesamtsumme Lackierung			
Ersatzteilmaterial			
Kleinersatzteile			
Schwemm-Material			
Gesamtsumme Ersatzteile			
Reparaturkosten ohne Mehrwertsteuer			
Mehrwertsteuer 19 %			
Reparaturkosten mit Mehrwertsteuer 19 %			

Pos. 2 Demontage der Unfallteile

Aufgabe 25

An dem abgebildeten Kundenfahrzeug soll der Stoßfänger hinten demontiert und nach abgeschlossenen Lackierarbeiten wieder montiert werden. Ordnen Sie die angegebenen Arbeitsschritte durch Nummerierung in eine richtige Reihenfolge. Mehrere Lösungen sind möglich.

Nummerierung	Arbeitsschritte
	Dichtungsgummi an Rückleuchten prüfen und positionieren; Rückleuchten einbauen
	Festigkeit der Verschraubung prüfen
	Überprüfung des Spaltmaßes der Heckklappe
	Funktionsprüfung der Einparkhilfe und der Rückleuchten
	Kontrolle der Abstände zur Seitenwand und der Fugen im Radlaufbereich
	Lackierarbeiten durchführen
	Radhausschalen im hinten Bereich links und rechts zur Seite biegen und Schrauben lösen
	Rückleuchten ausbauen und darunterliegende Schrauben lösen
	Schrauben an der Unterseite eindrehen
	Schrauben an Stoßfänger-Unterseite links, rechts und mittig lösen
	Schrauben unter den Rückleuchten eindrehen
	Schrauben unter der Radhausschale hinten links und rechts eindrehen und Radhausschale einklipsen
	Seitenwangen des Stoßfängers mit Hilfsperson links und rechts nach unten drücken; gleichzeitig hinten aus der Verankerung hebeln
	Steckverbindung der Einparksensoren trennen; Stoßfänger mit Hilfsperson abnehmen
	Steckverbindungen der Rückleuchten anschließen und festziehen
	Stoßfänger mit Hilfsperson in Montageposition bringen und Steckverbindungen der Einparksensoren anschließen
	Stoßfänger mit Hilfsperson links und rechts in Verrasterung einführen und durch Vorschieben einrasten

Aufgabe 26

Durch eine Unachtsamkeit ist das Glas des Außenspiegels zerstört worden. Das Spiegelglas muss erneuert werden. Informieren Sie sich und beschreiben Sie den Ablauf der Demontage und der Montage.

Demontage:

Montage:

Aufgabe 27

Bei dem Unfallfahrzeug soll die Seitenwand durch ein Neuteil ersetzt werden.

a) Welche Gründe sprechen für die Reparatur des Altteils?

b) Welche Gründe können dazu geführt haben, doch ein Neuteil zu verwenden?

a)

b)

Aufgabe 28

Begründen Sie, warum es beim Einbau neuer Karosserieteile notwendig ist, die Spaltmaße zu beachten.

Aufgabe 29

Schrauben unterscheiden sich durch ihre Form und ihre Verwendung – und sie müssen oft kraftschlüssig gesichert werden.

a) Nennen Sie 5 verschiedene Schraubenarten.

b) Nennen Sie 4 Schraubensicherungen.

a)

b)

Aufgabe 30

Sie stellen bei den Demontage- und Montagearbeiten fest, dass Schraubverbindungen die am häufigsten vorkommende Befestigungsart sind.

Um Schraubverbindungen zu lösen, benötigen Sie das richtige Werkzeug. Welche Schraubwerkzeuge benötigen Sie für die abgebildeten Verschraubungen?

Aufgabe 31

Für Montagearbeiten benutzen Sie einen Steckschlüsselkasten. In diesem befinden sich verschiedene Schlüsselweiten. Fügen Sie den aufgeführten Gewindedurchmessern die entsprechenden Schlüsselweiten in M (Maulweiten) nach ISO 272 hinzu und tragen Sie diese in die Tabelle ein.

Gewindedurchmesser in mm	4	6	8	14	18	22	30
Schlüsselweite							

AUSFÜHREN VON RÜCKVERFORMUNGS- UND AUSBEULARBEITEN

Die entsprechenden Rückverformungs- und Ausbeularbeiten sind auszuwählen und durchzuführen.

Leistungsbeschreibung

Pos. 1 Auswahl der richtigen Rückverformungstechnik und Durchführung der gewählten Technik
Pos. 2 Auswahl des richtigen Ausbeulverfahrens und Anwendung dieses Verfahrens

Pos. 1 Auswahl der richtigen Rückverformungstechnik und Durchführung der gewählten Technik

Aufgabe 32

An dem Unfallfahrzeug FIAT Punto sind Rückverformungsarbeiten durchzuführen. Bevor Sie mit diesen beginnen können, müssen Sie den Verformungshergang beurteilen. Was müssen Sie überprüfen?

Aufgabe 33

Bei der Rückverformung der beschädigten Karosserieteile ist zu beachten, dass die Rückverformungskraft exakt die entgegengesetzte Richtung zur Verformungskraft aufweist. Warum ist das wichtig?

Aufgabe 34

Nennen Sie Werkzeuge und Geräte, die bei Rückverformungsarbeiten am Punto benötigt werden.

Pos. 2 Auswahl des richtigen Ausbeulverfahrens und Anwendung dieses Verfahrens

Aufgabe 35

Wie würden Sie entscheiden?
Der Auftraggeber ist der Meinung, dass reines Spachteln der Dellen ausreicht.
Erläutern Sie die Notwendigkeit, nach Rückverformungsarbeiten Ausbeularbeiten durchzuführen.

Aufgabe 36

Bevor Sie mit den Ausbeularbeiten beginnen, müssen Sie den vorhandenen Schaden nochmals analysieren.
Nennen Sie Punkte, die zu berücksichtigen sind, um das entsprechende Ausbeulverfahren auszuwählen.

Aufgabe 37

Auf den Bildern sind zwei verschiedene Schäden dargestellt.
Ordnen Sie den Abbildungen die Ausbeulmethoden zu, die Sie dafür einsetzen könnten.

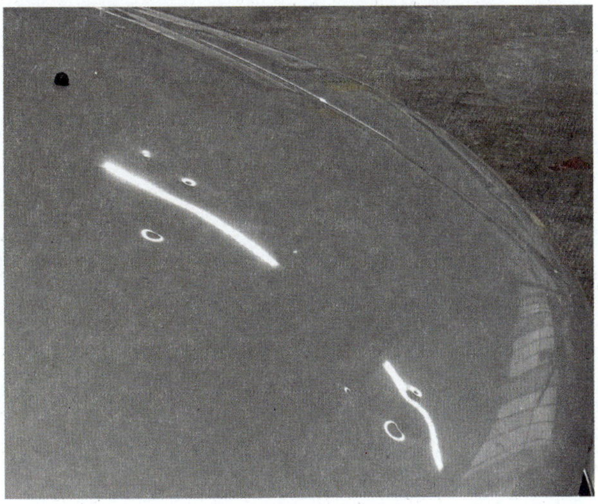

Aufgabe 38

Sie haben sich für die Ausbeulmethode „Reines Hebelsystem" entschieden. Erklären Sie diese Methode in Stichpunkten.

Aufgabe 39

Beschreiben Sie zusätzlich die Vorgehensweise bei der Ausbeulmethode „Hammer und Gegenhalter“.

Aufgabe 40

Lösen Sie das Kreuzworträtsel, indem Sie die abgebildeten Abbildungen benennen.

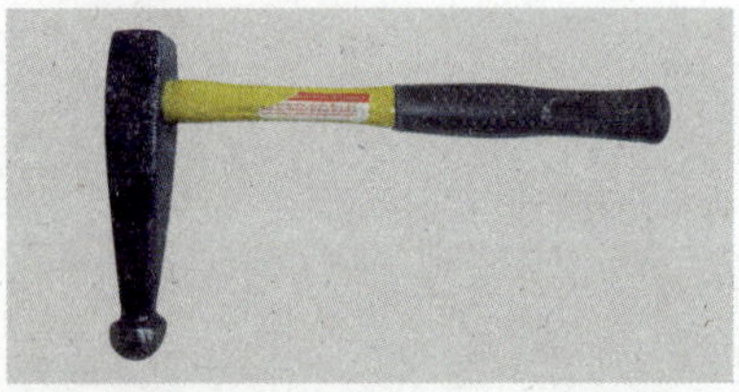

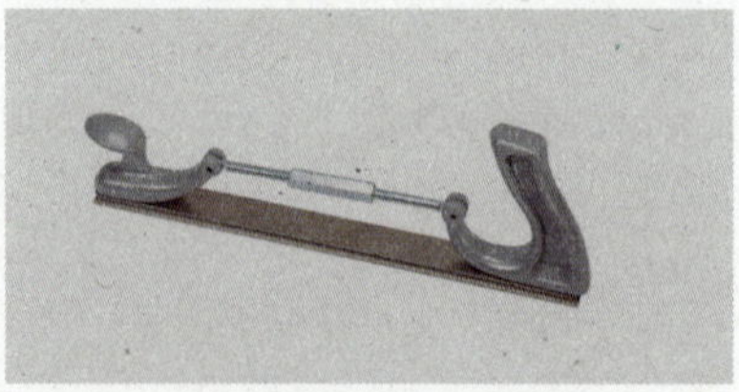

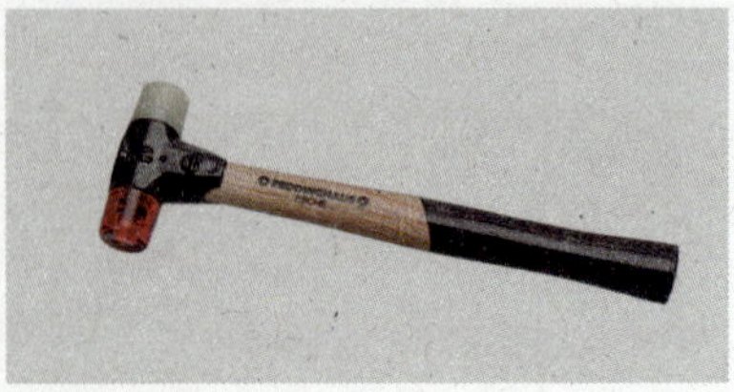

Aufgabe 41

Sie beobachten in der Karosserieabteilung den Einsatz eines Multispotters (automatischer Zughammer). Ordnen Sie die Arbeitschritte dieser Methode den passenden Abbildungen zu.

Arbeitsschritte
a) Anbringen einer Spannungsbrücke zwischen Gerät und Karosserieteil
b) Blankschleifen der zu bearbeitenden Stelle
c) Kontakt wird ausgelöst und die Spitze des Multispotters punktet sich automatisch fest
d) Massepunkt des Gerätes ansetzen
e) Schadstelle leicht zurückklopfen
f) Schadstelle mit Gleithammer herausziehen
g) Stelle mit Winkelschleifer oder Karosseriefeile egalisieren
h) Zugnagel entfernen

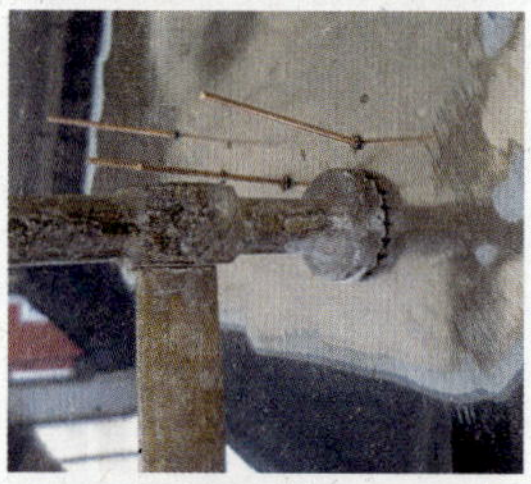

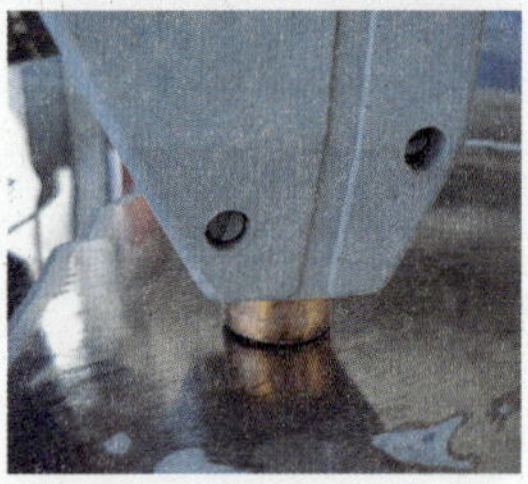

DURCHFÜHRUNG EINER ABSCHNITTSREPARATUR

Die Seitenwand des Unfallfahrzeuges ist durch ein Neuteil zu ersetzen.

Leistungsbeschreibung

Pos. 1 Die linke hintere Seitenwand des Unfallfahrzeuges austrennen und durch ein Neuteil ersetzen
Pos. 2 Verzinnarbeiten durchführen

Pos. 1 Die linke hintere Seitenwand des Unfallfahrzeuges austrennen und durch ein Neuteil ersetzen

Aufgabe 42

Erklären Sie die hier abgebildete Reparaturart.

Aufgabe 43

Das beschädigte Seitenteil darf nicht beliebig herausgetrennt werden.
Nennen Sie Regeln und Vorgaben, die Sie dabei einhalten müssen.

Aufgabe 44

Suchen Sie in Ihrer Werkstatt Trennwerkzeuge, die beim Austrennen der Seitenwand zum Einsatz kommen.
Fotografieren Sie die Werkzeuge und notieren Sie ihre Benennungen.

Aufgabe 45

Beschreiben Sie in Stichpunkten, wie Sie ein Karosserieteil entfernen, welches durch Schweißpunkte befestigt ist.

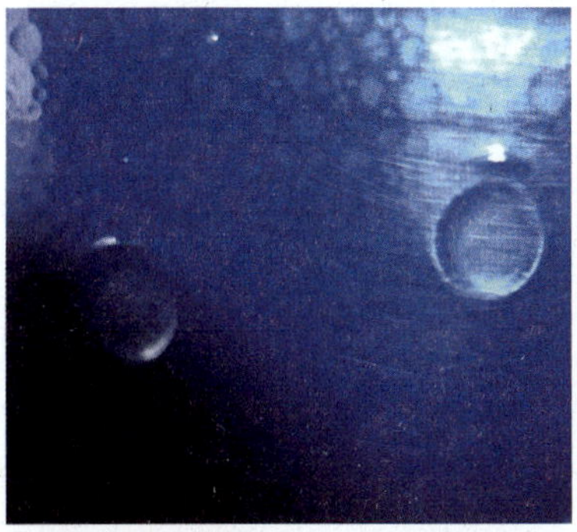

Aufgabe 46

Worin bestehen die Unterschiede zwischen MIG-Schweißen und MAG-Schweißen? Vervollständigen Sie die Tabelle.

	MIG-Schweißen	MAG-Scheißen
Gas		
Werkstoffe		

	MIG-Schweißen	MAG-Scheißen
Abbrand		
Festigkeit der Verbindung		
Vorteil		

Aufgabe 47

Bein Einsetzen von Blechen kommen die abgebildeten Werkzeuge zum Einsatz. Benennen Sie diese.

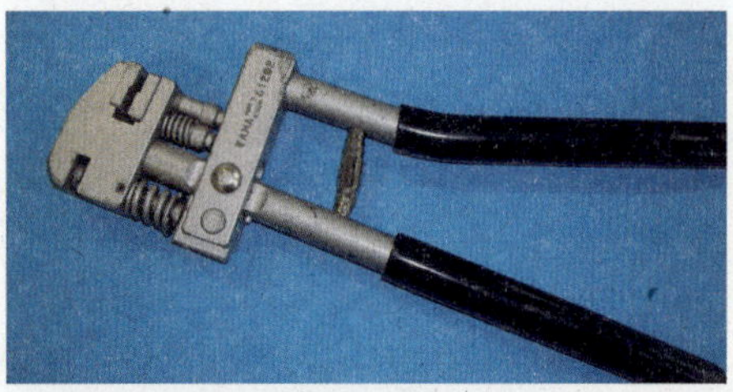

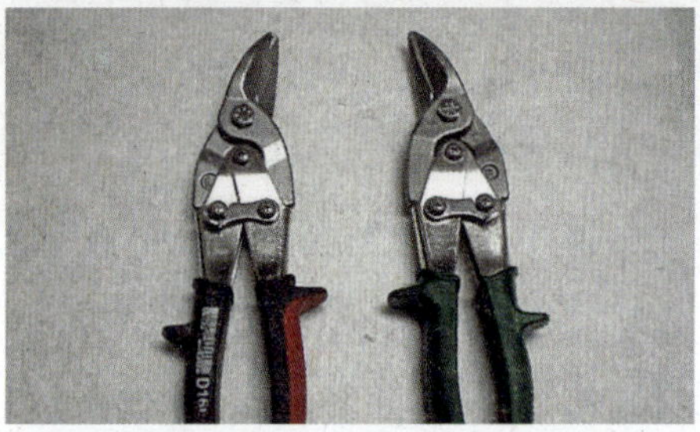

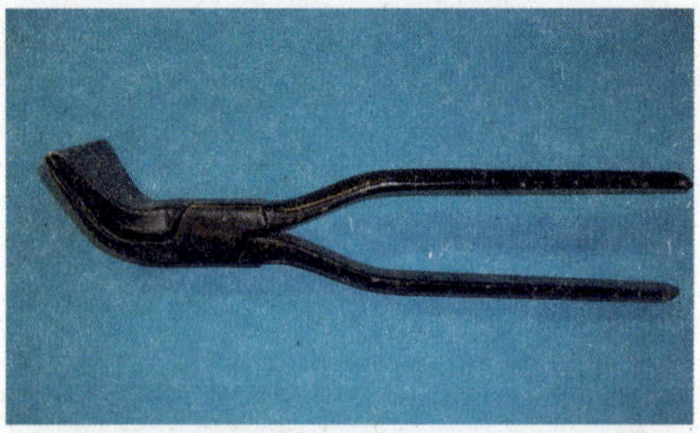

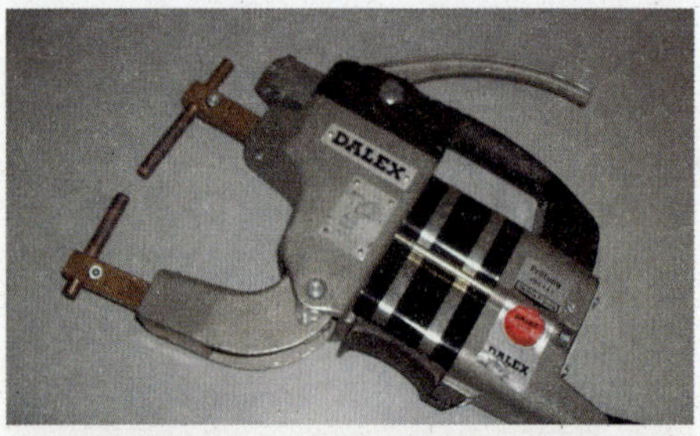

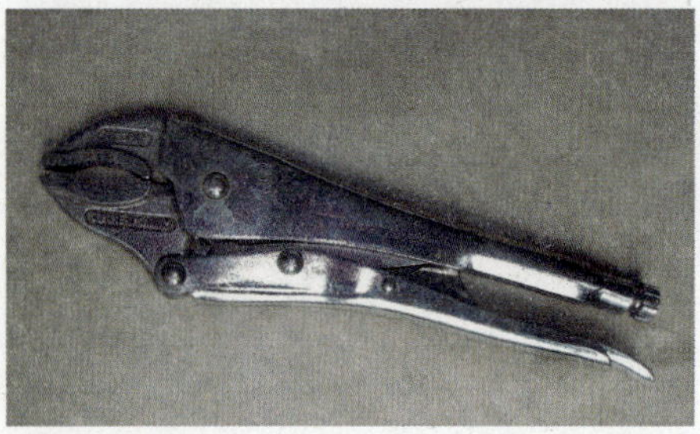

Aufgabe 48

Für anschließende Beschichtungsarbeiten sind Sie damit beauftragt worden, die Fläche der hinteren Seitenwand zu berechnen. Entnehmen Sie die Maße (Angaben in mm) der Skizze und berechnen Sie die Fläche in m².

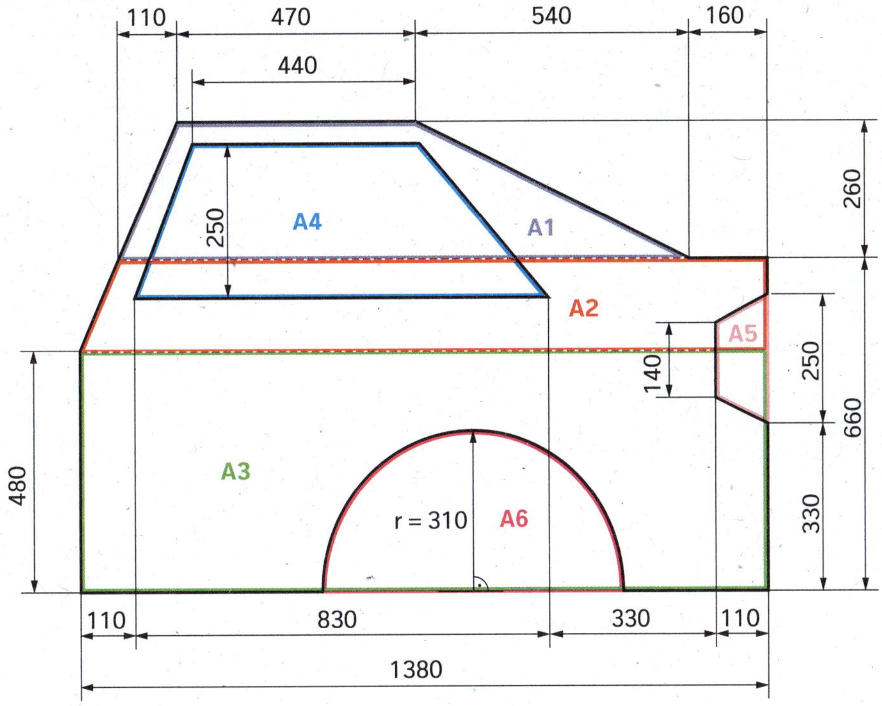

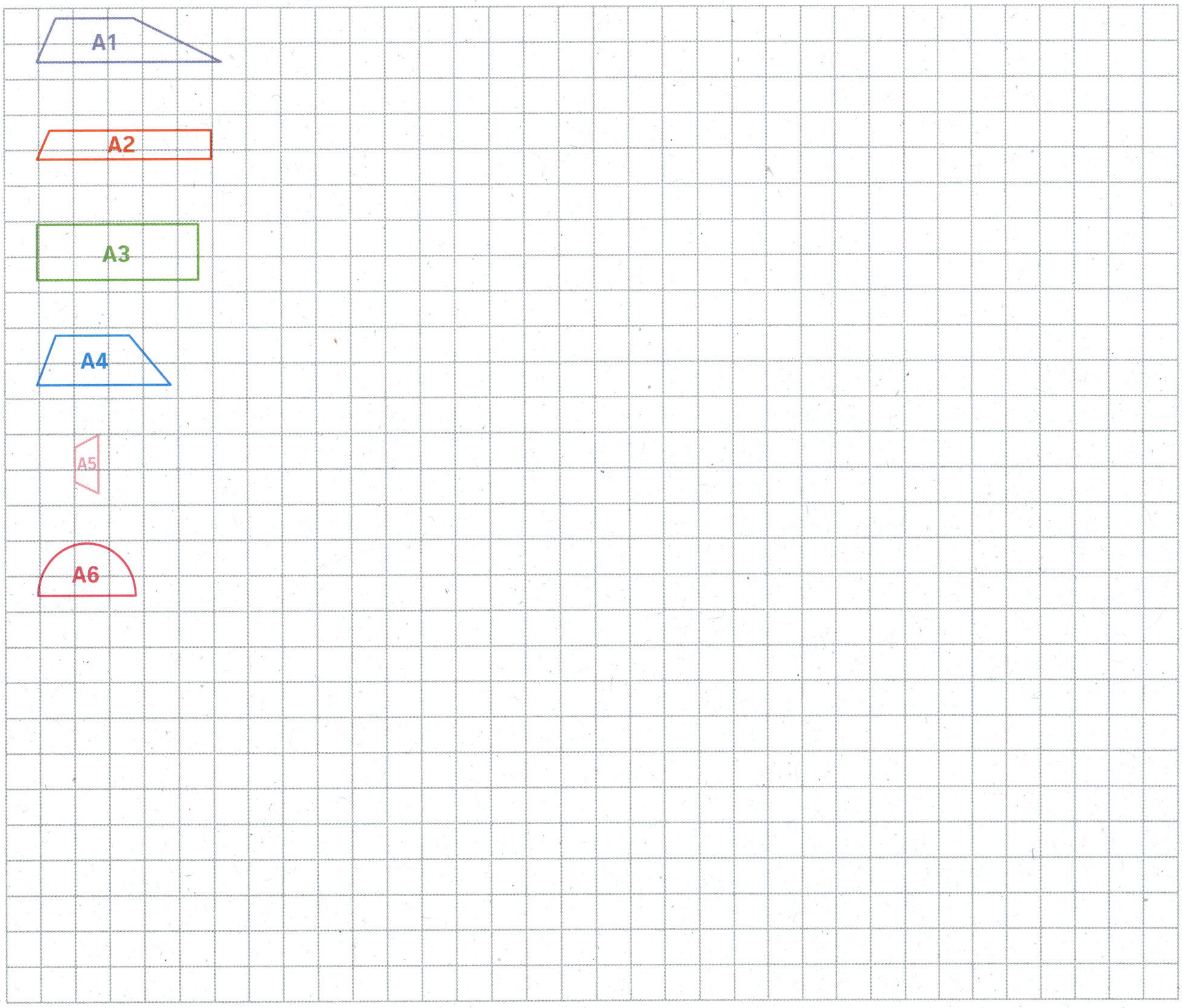

Aufgabe 49

Wie würden Sie entscheiden?
Ihr Kollege stellt fest, dass die Karosserie eines Unfallfahrzeuges aus Aluminium besteht. Besprechen Sie mit Ihrem Kollegen, ob man die Aluminiumkarosse wie eine Stahlkarosse behandeln kann.

Aufgabe 50

Beim Umformen handelt es sich nach DIN 8582 um das Fertigen eines Werkstücks durch plastische Änderung eines festen Körpers. Nennen Sie Techniken, die dabei unterschieden werden.

Pos. 2 Verzinnarbeiten durchführen

Aufgabe 51

Nach den Ausbeularbeiten ist es oft nötig, größere Vertiefungen oder Übergänge von eingesetzten Blechteilen zu verzinnen. Zu diesem Zweck werden verschiedene Werkzeuge und Materialien benötigt. Benennen Sie die abgebildeten Materialien und geben Sie deren Aufgabe und Verwendung an.

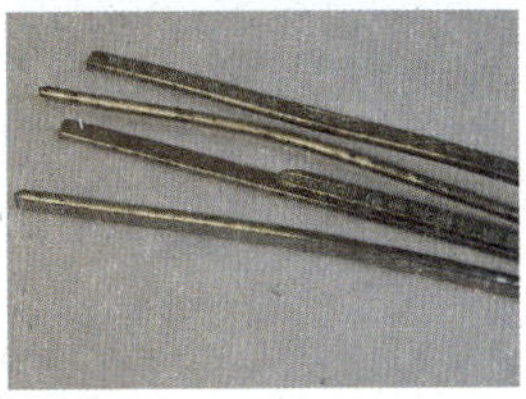

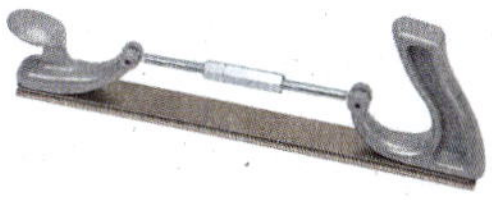

Aufgabe 52

Der FIAT Punto des Kundenauftrages erhielt eine neue Seitenwand. Die Reparaturstellen am Übergang sollen verzinnt werden. Die vorgegebenen Arbeitsschritte sind unsortiert.

Nummerieren Sie die Arbeitsschritte in einer fachgerechten Reihenfolge von 1 bis 10.

Nr.	Arbeitsschritte
	Abwischen der Flussmittelrückstände mit einem sauberen Lappen
	Deformierte Bereiche möglichst flach ausbeulen
	Die zu bearbeitende Fläche mit dem Gasbrenner auf Verarbeitungstemperatur halten
	Egalisieren der verzinnten Oberfläche
	Feinschliff der verzinnten Stelle mit Schleifpapier
	Schwemmzinn mit einer Hartholzspachtel modellieren
	Schwemmzinnauftrag, bis alle Unregelmäßigkeiten der Oberfläche gefüllt sind
	Spiralförmiges erwärmen der Verzinnpaste
	Übergangsbereiche zwischen Alt- und Neublech metallisch blank schleifen
	Verzinnpaste mit einem Pinsel auftragen

AUSTAUSCH DER HECKSCHEIBE

Die beim Unfall zerstörte Heckscheibe ist auszutrennen und durch eine neue Scheibe zu ersetzen.

Leistungsbeschreibung

Pos. 1 Austrennen der alten Scheibe und Einsetzen der neuen Scheibe

Pos. 1 Austrennen der alten Scheibe und Einsetzen der neuen Scheibe

Aufgabe 53

Die Heckscheibe des FIAT Punto muss getauscht werden. Hierzu müssen Sie die Scheibe austrennen. Nennen Sie Werkzeuge, die Sie zum Austrennen verwenden können.

Aufgabe 54

Die neu eingesetzte Heckscheibe besitzt einen bedruckten schwarzen Rand. Welche Aufgabe hat diese schwarze Randbedruckung?

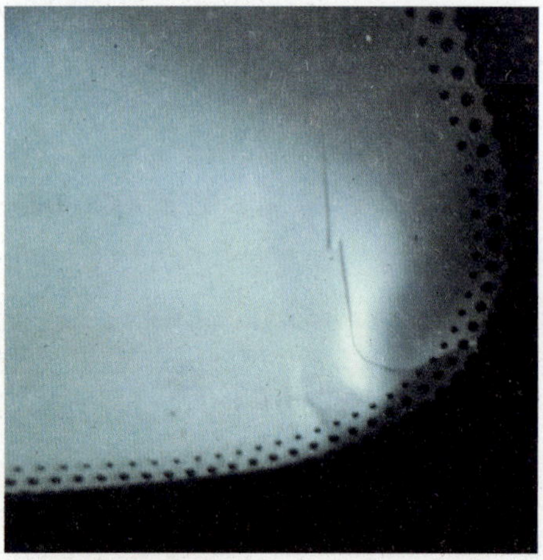

Aufgabe 55

Nennen Sie mindestens drei Ausschlusskriterien, die Sie beachten müssen, um eine Steinschlagreparatur durchführen zu dürfen.

INSTANDSETZEN DER ELEKTRONISCHEN SYSTEME UND DER BELEUCHTUNGSANLAGE

Die elektronischen Systeme sind zu überprüfen und zu reparieren. Die defekten Scheinwerfer sind auszutauschen.

Leistungsbeschreibung

Pos. 1 Verschiedene elektronische Systeme instand setzen
Pos. 2 Austausch der defekten Beleuchtungsanlagen

Pos. 1 Verschiedene elektronische Systeme instand setzen

Aufgabe 56

Der Fahrzeuglackierer muss über ein Grundlagenwissen im elektrotechnischen Bereich verfügen, in dem oft Symbole bzw. Kennzeichen auf Schaltplänen, Geräten oder Anleitungen abgebildet sind. Ordnen Sie den Symbolen und Kennzeichen die entsprechende Bezeichnung zu und beschriften Sie sie mit dem entsprechenden Buchstaben.

A			Sicherung
B			Explosionsgeschützt
C	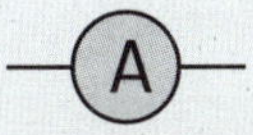		Schutzisoliert
D	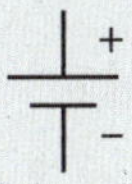		Spritzwassergeschützt
E			Strommesser
F	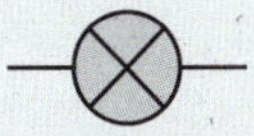		Batterie
G			Lampe
H	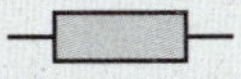		Staubdicht

Aufgabe 57

Sie werden beauftragt, ein gequetschtes Kabel zu erneuern. Davor sollen Sie eine Strommessung durchführen. Das neue Kabel ist abzuisolieren und an den alten Stecker zu montieren. Kreuzen Sie in der Bilderleiste die hierfür benötigten Werkzeuge an.

☐ 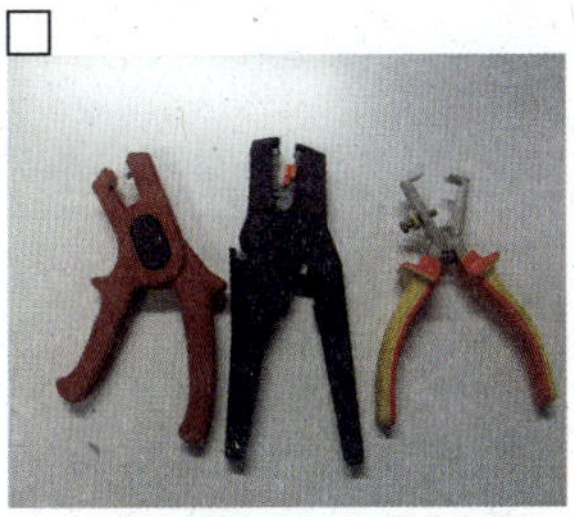

☐ 

☐ 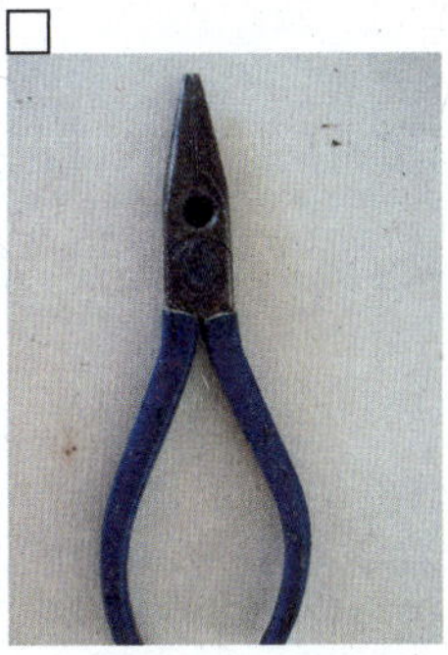

☐ 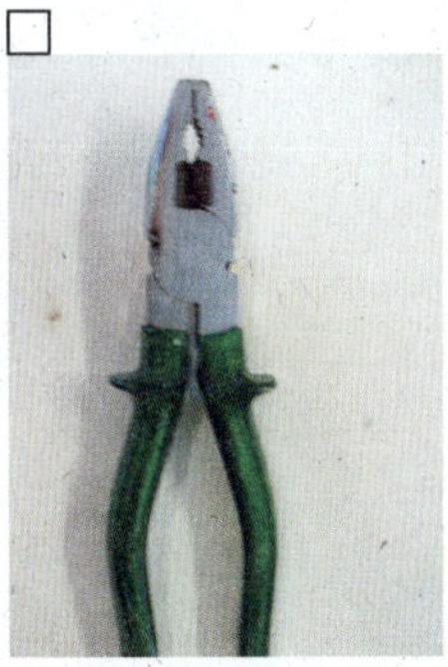

☐ 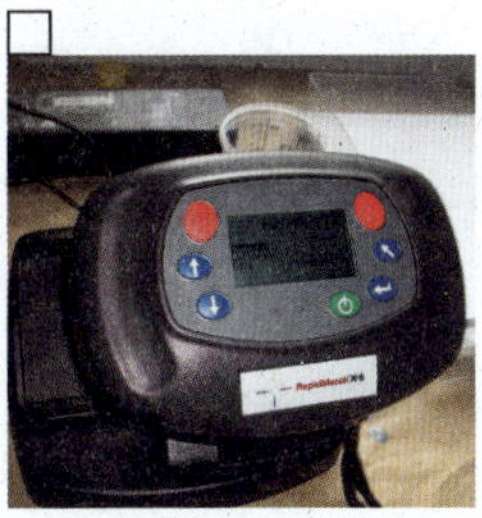

Aufgabe 58

In Fahrzeugen sind elektronische Sicherheitssysteme integriert, die mit Abkürzungen bezeichnet sind.
Erklären Sie diese Ihren Kollegen aus dem 1. Lehrjahr.

ESP:

ACC:

PDC:

ABS:

Aufgabe 59

In dem Punto befindet sich ein Datenübertragungssystem. Welches Datenübertragungssystem wird häufig in Fahrzeugen verwendet? Wie ist die Funktionsweise dieses Systems und welche Vorteile ergeben sich daraus?

Aufgabe 60

Die Starterbatterie des Unfallfahrzeuges soll längere Zeit gelagert werden. Wie gehen Sie vor, damit die Starterbatterie keinen Schaden über diese Zeitspanne erleidet?

Aufgabe 61

Nach der Instandsetzung springt der Wagen nicht mehr an. Ihr Ausbilder beauftragt Sie, Starthilfe zu leisten.
Zeichnen Sie in die Grafik die Starthilfekabel in der jeweils richtigen Farbe ein.
Beschreiben Sie den Ablauf.

Aufgabe 62

Sie erhalten den Auftrag, die Starterbatterie zu kontrollieren. Sie stellen fest, dass der Säurestand gesunken ist.
Welche Säure befindet sich in einer Starterbatterie? Womit füllen Sie die Batterie nach?

Pos. 2 Austausch der defekten Beleuchtungsanlagen

Aufgabe 63

Am Unfallfahrzeug sollen die Lichtquellen ausgetauscht werden.

a) Ermitteln Sie die Lichtquelle des Fahrzeugs.

b) Nennen Sie drei weitere Lichtquellen.

Aufgabe 64

Der Gesetzgeber hat die Beleuchtungsfarben an Fahrzeugen festgelegt. Recherchieren Sie dazu im Internet und ergänzen Sie die folgende Tabelle mit den Beleuchtungsfarben am Fahrzeug.

Beleuchtung	Gesetzlich festgelegte Farbe
Abblendlichter	
Begrenzungslichter/Standlicht	
Bremsleuchten	
Fahrtrichtungsanzeiger	
Fernlicht	
Kennzeichenbeleuchtung	
Nebelscheinwerfer	
Nebelschlussleuchten	
Rückfahrscheinwerfer	
Rückstrahler	
Schlussleuchten	

Aufgabe 65

Welche Besonderheit schreibt der Gesetzgeber zusätzlich für die Beleuchtung von Anhängerfahrzeugen vor?

Aufgabe 66

Sie helfen Ihrem Kollegen, einen Xenon-Scheinwerfer zu demontieren. Beschreiben Sie den Arbeitsablauf der Demontage und worauf Sie achten müssen.

Aufgabe 67

Benennen Sie die abgebildeten Scheinwerferarten und beschreiben Sie diese in Stichpunkten.

KUNDENAUFTRAG

Ein Kunde beauftragt Ihre Lackiererei damit, seinen jüngst erworbenen Wagen aus dritter Hand optisch wieder herzurichten. Dabei fallen Reparaturlackierungen an mehreren Stellen des Fahrzeugs an. Wegen der Verteilung der Schäden auf der Karosseriefläche und dem Wunsch nach möglichst kostengünstiger Reparatur soll beilackiert werden.

Objektbeschreibung

Das Fahrzeug weist mehrere Schäden auf:

Heckstoßfänger:	Riss im Kunststoff
Heckblech:	Korrosionsschaden
hinterer rechter Radlauf:	Korrosionsschaden

Auf Neuteile soll verzichtet werden. Der Stoßfänger wurde bereits für die Reparatur demontiert. Bei dem Farbton des Fahrzeugs handelt es sich um ein helles Silber mit groben Metallic-Pigmenten.

Auszuführende Arbeiten

- Wirtschaftliche Lackierkostenkalkulation
- Reparatur des Heckstoßfängers
- Entrosten von Heckblech und Radlauf
- Ermitteln des Farbtons
- Beilackieren

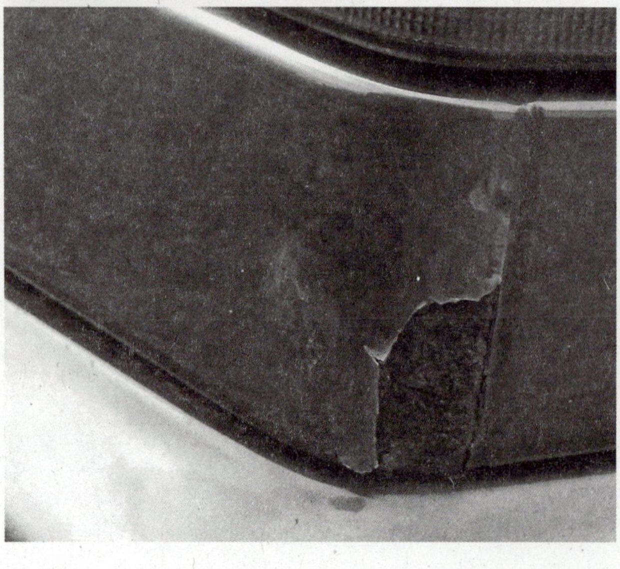

WIRTSCHAFTLICHE LACKIERKOSTENKALKULATION

Bevor der Kunde ihrem Betrieb den Auftrag erteilt, wünscht er einen Kostenvoranschlag.

Leistungsbeschreibung

Pos. 1 Wahl der Schwackeliste „Lackierung“
Pos. 2 Erstellen der Kalkulation

Pos. 1 Wahl der Schwackeliste „Lackierung“

Aufgabe 1

Was verbirgt sich hinter dem Begriff „Hauptarbeit“ in einer Kalkulation?

Aufgabe 2

Es gibt eine Einteilung von Lackierstufen sowohl für Kunststoff- als auch für Metallteile. Wählen Sie eins von beiden und zählen Sie die dazugehörigen Lackstufen auf. Dadurch können Sie besser einschätzen, welche Stufen beim Auftrag infrage kommen.

Lackierstufen für Metallteile		Lackierstufen für Kunststoffteile	

Pos. 2 Erstellen der Kalkulation

Aufgabe 3

Markieren Sie die für den Auftrag wichtigen Positionen in der Liste und errechnen Sie die Summe.

LACKIERUNG ZEITBASIS 10 AW = 1 PREIS = 65:00 EUR/STD

ARB.POS.NR/ LEIT-NR	ARBEITSGANG	2-SCHICHT-METALLIC	AW	ARB.-PREIS
YJ01H1	TUER L	NEUTEILLACK ST I	20	130,00
YQ03J1	SEITENWAND L	REPARATURLACK ST III	14	91,00
YKS2L1	STOSSFÄNGER L	REPARATURLACK ST III	16	104,00
YG02D1	KOTFLÜGEL V L	OBERFL LACK ST II	6	39,00
L 1565	TUERAUSSENGRIFF L	OBERFL LACK ST II	2	13,00
KNU	VORBEREITUNGSZEIT	EINMALIG	17	110,50
GSDNS	RADLAUF	REPARATURLACK ST III	19	123,50
L 3251	SPIEGELKAPPE	NEUTEILLACK ST I	5	32,50
YDNF4H2	HECKBLECH	REPARATURLACK ST III	7	45,50

Summe:

REPARATUR DES HECKSTOßFÄNGERS

Der bereits demontierte Heckstoßfänger ist zu kleben und zur Beschichtung vorzubereiten.

Leistungsbeschreibung

Pos. 1 Ermitteln der Kunststoffart
Pos. 2 Instandsetzen des Stoßfängers
Pos. 3 Beschichten

Pos. 1 Ermitteln der Kunststoffart

Aufgabe 4

Um den gerissenen Stoßfänger reparieren zu können und den Erwerb eines Neuteils zu vermeiden, muss zunächst die Art des Kunststoffs ermittelt werden. Begründen Sie, warum dies wichtig ist.

Aufgabe 5

Nennen und erläutern Sie zwei Gründe, weshalb Kunststoff beschichtet wird.

Aufgabe 6

Da der Stoßfänger repariert und nicht durch ein Neuteil ersetzt wird, kann auf das Tempern des Kunststoffteils verzichtet werden. Erläutern Sie dem Kunden den Begriff und erklären Sie ihm zusätzlich, warum das Verfahren für Neuteile notwendig sein kann.

Aufgabe 7

Der Kunde fragt Sie, ob der Stoßfänger an seinem Fahrzeug auch vorbehandelt werden muss.
Erklären Sie ihm Ihre Antwort.

Aufgabe 8

Erklären Sie den Unterschied zwischen Polymerisation und Polyaddition.

Aufgabe 9

Erklären Sie, warum Elastomere gummielastisch sind.

Aufgabe 10

Vervollständigen Sie die folgende Tabelle, um abschätzen zu können, welcher Kunststoff vorliegen könnte.

Kunststoffgruppe	Bezeichnung	Mögliche Bauteile
		Seitenscheiben, Frontleuchten
	PVC	
	ABS	
		Stoßfänger, Anbauteile
	PC	
Elastomere		Verkleidungen, Dachhimmel, Polster
	Si	
	PUR, PUR-RIM, PUR-RRIM	
		Kotflügel

Experiment – Kunststoffarten bestimmen

Ein Teil einer Front- oder Heckleuchte und ein Stück eines Kotflügels werden über die Flamme eines Bunsenbrenners gehalten und langsam erhitzt. Versuchen Sie, die Kunststoffe mit einer Tiegelzange zu verformen und wieder in ihre ursprüngliche Form zurückzubiegen.

Notieren Sie Ihre Beobachtungen und deuten Sie das Verhalten der Kunststoffe.
Der Versuch sollte möglichst unter einem Abzug stattfinden.

Beobachtung:

Deutung:

Pos. 2 Instandsetzen des Stoßfängers

Aufgabe 11

Sie beginnen mit der Reparatur des Stoßfängers. Bringen Sie hierzu die Arbeitsschritte zum Kleben von Kunststoffen in eine sinnvolle Reihenfolge. Erläutern Sie den jeweiligen Arbeitsschritt.

Reihenfolge	Bild	Arbeitsschritte
	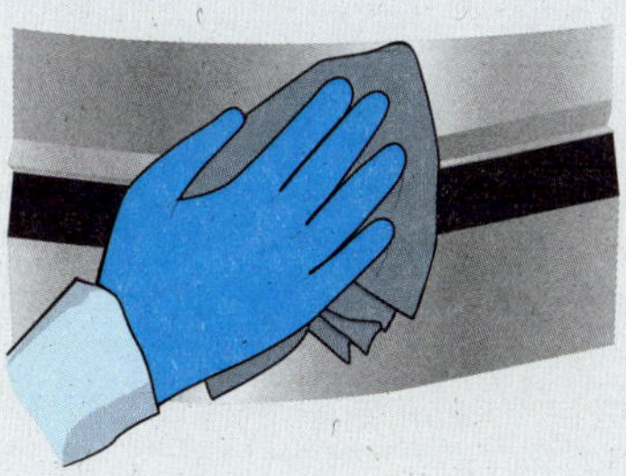	

Reihenfolge	Bild	Arbeitsschritte

	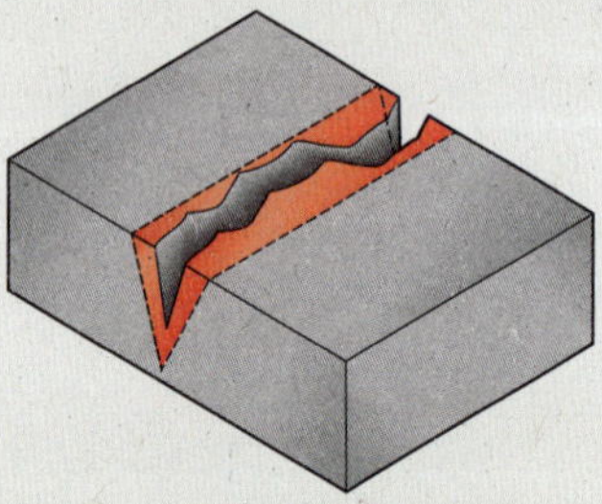	
	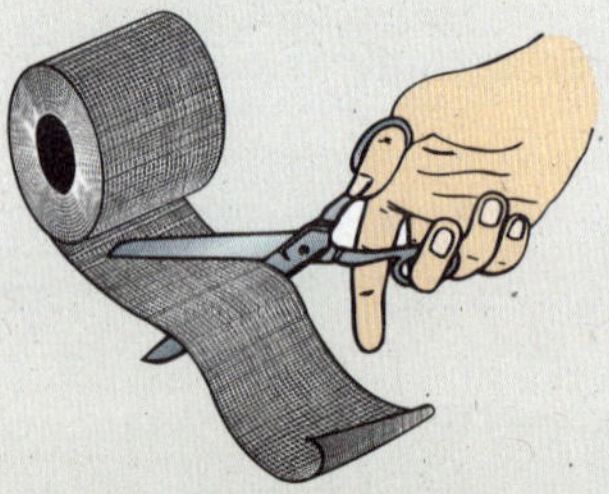	

	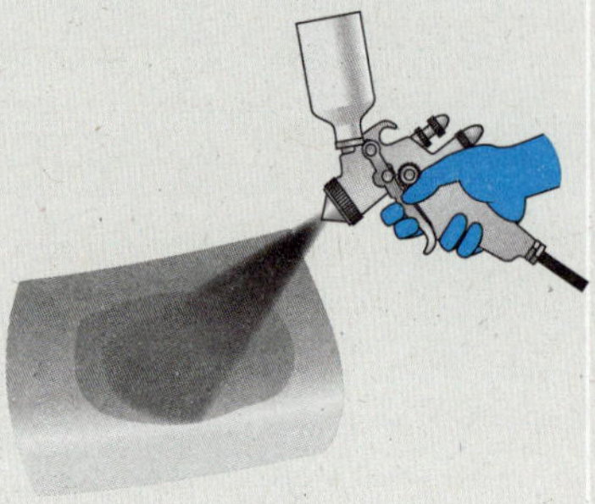	

Reihenfolge	Bild	Arbeitsschritte
	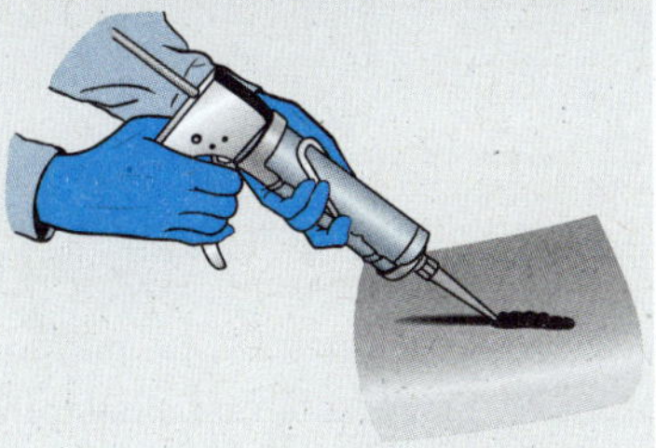	

Aufgabe 12

Welche Kunststoffe werden bei der Reparatur laminiert?

Aufgabe 13

Wie würden Sie entscheiden?

Sie finden auf einem ausgebauten Tank das Kurzzeichen PE-HD.

a) Recherchieren Sie die Bedeutung des Kurzzeichens.

b) Recherchieren Sie zusätzlich die Bedeutung des Kurzzeichens PE-LD und den Einsatzbereich dieses Kunststoffes.

Experiment – Kunststoffarten bestimmen

Ein unbekannter Kunststoff kann ohne großen Aufwand der Gruppe der Thermoplaste oder der Duromere zugeordnet werden. Einige Kunststoffe lassen sich durch relativ einfache Methoden genauer bestimmen.

Fingernageltest oder Ritzmethode

Nur PE, PP und PTFE kann man mit dem Fingernagel Ritzspuren zufügen.

Bestimmen der Dichte

PE und PP haben eine Dichte unter 1 g/cm^3 und schwimmen in Wasser.
ABS, PA, PC, PPE haben eine Dichte zwischen 1,0 und 1,2 g/cm^3 und haben leichten Auftrieb in Wasser.
Alle anderen Kunststoffe haben eine höhere Dichte und sinken in Wasser.

Löslichkeit in Lösemitteln
Lässt man ein starkes Lösemittel (z. B. Aceton) kurz mittels eines Wattebausches auf eine Kunststoffoberfläche einwirken, so werden Thermoplaste schnell angelöst und schmierig, Duromere sind beständig.

Versuchsdurchführung: Benötigte Materialien siehe Foto. Führen Sie an den vorliegenden Kunststoffteilen (z. B. Stücke einer Leuchtenabdeckung, Folie, eines Spoilers, Kotflügels, Schutzhelms, Trinkbechers, Schlauches) die drei aufgeführten Versuche durch.

Schreiben Sie Ihre Ergebnisse in die Tabelle und versuchen Sie eine Zuordnung der getesteten Kunststoffe.

	Ritzprobe	Dichteprüfung	Lösemitteltest	Ergebnis
Kunststoff Nr. 1:				
Kunststoff Nr. 2:				
Kunststoff Nr. 3:				
Kunststoff Nr. 4:				
Kunststoff Nr. 5:				

Pos. 3 Beschichten

Aufgabe 14

Sie wollen den Stoßfänger reinigen. Was ist bei der Reinigung von Kunststoffen mit Lösemitteln zu beachten?

Aufgabe 15

Sie tragen bei der Bearbeitung frisch geschliffener Kunststoffteile Handschuhe.
Erklären Sie Ihrem Kollegen, der sich darüber lustig macht, den Grund dafür.

Aufgabe 16

Wie würden Sie entscheiden?
Der Kunde hat gehört, dass bei der Kunststofflackierung dem Basislack Elastifizierer hinzugefügt wird.
Was können Sie ihm dazu sagen?

Aufgabe 17

Da dem Beschichtungsstoff für den Stoßfänger Elastifizierer hinzugefügt werden soll, wird er separat angerührt. Dem technischen Datenblatt entnehmen Sie, dass 15 % Elastifizierer hinzugefügt werden müssen. Das Mischungsverhältnis ist 3:1. Als Stammmaterial sollen 100 ml angesetzt werden. Wie viel ml Elastifizierer werden benötigt?

Aufgabe 18

Vor dem Lackieren von Kunststoff ist es wichtig, diesen nicht statisch aufzuladen.
Beschreiben Sie, warum und wie man das vermeiden kann.

ENTROSTEN VON HECKBLECH UND RADLAUF

Der Rost auf Heckblech und Radlauf ist zu entfernen und die Teile zur Lackierung instand zu setzen.

Leistungsbeschreibung

Pos. 1 Entfernung des Rostes
Pos. 2 Rostschutzmaßnahmen
Pos. 3 Egalisierungsarbeiten
Pos. 4 Füllerauftrag

Pos. 1 Entfernung des Rostes

Aufgabe 19

Der Kunde fragt Sie, warum sein Auto rostet und was er falsch gemacht hat.
Erklären Sie ihm, welche Reaktionspartner die chemische Korrosion von Stahl bewirken und begünstigen.

Aufgabe 20

Ordnen Sie die folgende Spannungsreihe der Metalle von edel nach unedel.

Nummer	Metall
	Chrom
	Aluminium
	Magnesium
	Blei
	Silber
	Kupfer
	Gold
	Zinn
	Zink
	Eisen
	Nickel

Aufgabe 21

Ordnen Sie diese Fotos den entsprechenden Rostgraden zu:

Rostgrad:

Rostgrad:

Rostgrad:

Aufgabe 22

Wie würden Sie entscheiden?

Der Kunde hatte sich bereits im Vorfeld telefonisch gemeldet, um die Schäden zu erläutern und eine Einschätzung des Arbeitsaufwands und der Kosten zu erhalten. Sie hatten im Verlauf dieses Gesprächs gebeten, die Art der Korrosion näher zu erläutern. Der Kunde konnte mit dieser Frage nichts anfangen und bat Sie daraufhin, Beispiele zu nennen.
Nennen Sie vier Korrosionsarten und erläutern Sie sie im Detail.

Aufgabe 23

Mit welchem Gerät wird in Ihrer Firma in den meisten Fällen Rost entfernt? Nennen Sie das Gerät und überlegen Sie, ob dieses in vorliegenden Fall zum Entrosten von Heckblech und Radlauf geeignet wäre.

Aufgabe 24

Ein Freund zeigt Ihnen den Flugrost auf der Motorhaube seines Autos. Sie empfehlen ihm, diesen möglichst schnell zu entfernen. Er würde gerne wissen, warum. Die Stellen sind doch so klein. Beantworten Sie ihm die Frage.

Pos. 2 Rostschutzmaßnahmen

Aufgabe 25

Im Rahmen der Reparatur werden Sie vom Ausbilder beauftragt, den Korrosionsschutz am Fahrzeug zu erneuern. Außerdem sollen Sie dem Kunden erläutern, welche Korrosionsschutzmaßnahmen im Automobilwerk und welche im Rahmen einer Unfallreparatur durchgeführt werden.

Aufgabe 26

Während der Reparaturlackierung des Unfallfahrzeuges sollen Sie eine Hohlraumkonservierung durchführen und den Unterbodenschutz auftragen.

a) Wann müssen Sie diese Arbeiten durchführen?

b) Nennen Sie zwei Werkzeuge, die Sie für diese Arbeiten benötigen.

Aufgabe 27

Um den Rostschutz nach der Reparatur zu gewährleisten, ist es notwendig, eine Hohlraumversiegelung durchzuführen.

a) Welche Eigenschaften sollen Hohlraumversiegelungen besitzen?

b) Welche Materialien werden für Hohlraumversiegelungen verwendet?

Aufgabe 28

Der Kunde fragt Sie, ob das Auto verzinnt wird, um weniger rostanfällig zu sein. Die Begriffe Verzinnen und Verzinken werden häufig durcheinander gebracht. Nur einer der Begriffe ist im Bereich des Korrosionsschutzes angesiedelt. Erklären Sie dem Kunden, um was es sich beim Verzinnen und Verzinken jeweils handelt.

Aufgabe 29

Versuchen Sie, anhand des Farbtons zu bestimmen, um welches Korrosionsschutzpigment es sich hier handelt:

Pos. 3 Egalisierungsarbeiten

Aufgabe 30

Der Kunde sieht nach Ihrer Erklärung von einem Verzinken der Schadstellen ab, da er keine Mehrkosten in Kauf nehmen möchte. Was hätten Sie andernfalls beim weiteren Beschichten einer verzinkten Fläche zu beachten?

Aufgabe 31

In der Praxis werden aus Kosten- und Zeitgründen selten Primer angewandt. Erklären Sie, wozu Kunststoffprimer und Primer für Eisenmetalle gut sind. Begründen Sie, warum sie verwendet werden sollten.

Aufgabe 32

Um die Schadstellen egalisieren und anschließend grundieren zu können, muss zunächst der passende Spachtel gefunden werden. Der Geselle schickt Sie los, um diesen zu holen. Aufgrund des nachlässigen Umgangs mit den Spachtelmassen sind die Beschriftungen der Dosen nicht mehr lesbar. Welche Spachtelmassen haben Sie zur Auswahl? Benennen Sie sie und erläutern Sie die jeweilige Besonderheit.

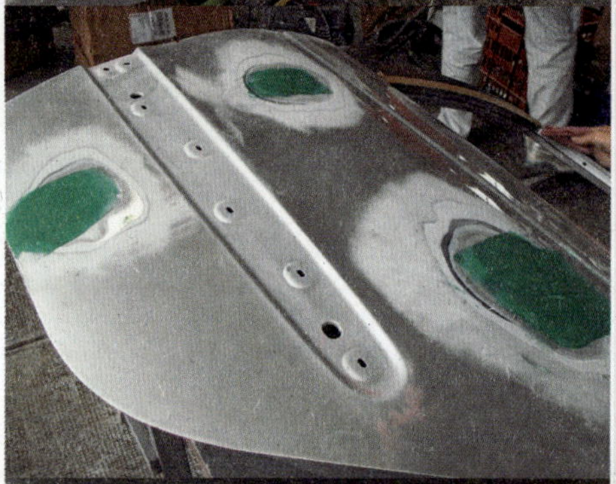

Aufgabe 33

Sie sind beauftragt worden, die Spachtelarbeiten durchzuführen. Hierbei können Fehler auftreten.
Diese können zu zeitraubenden Ausbesserungsarbeiten führen.
Ordnen Sie in der Tabelle den Fehlern die jeweils entsprechende Ursache zu.

a Zu hoher Härteranteil
b Temperatur der Spachtelmasse zu gering
c Spachtel wurde nass geschliffen
d Spachtelstellen wurden mit Füller nicht abgedeckt

Fehler	Ursache			
Matte Stellen im Decklack	a	b	c	d
Farbveränderungen im Decklack	a	b	c	d
Schlechte Ziehfähigkeit des Spachtels	a	b	c	d
Blasenbildung im Decklack	a	b	c	d

Aufgabe 34

Ihr Ausbilder weist Sie darauf hin, dass es für die Spachtelarbeiten am Kunststoffstoßfänger spezielle Spachtelmassen gibt. Weshalb gibt es für Kunststoffteile gesonderte Spachtelmassen?

Aufgabe 35

Nachdem Sie sich für eine geeignete Spachtelmasse entschieden haben, müssen Sie den Spachtel mit dem Härter vermischen. Welches Mischungsverhältnis sollte dabei eingehalten werden? Was kann geschehen, wenn Sie das Gemenge nicht gut genug vermischen oder zu viel Härter hinzufügen?

Aufgabe 36

Welches Hilfsmittel kann Ihnen beim Schleifen des Spachtels die Arbeit erleichtern?
Erklären Sie Funktion und Bedeutung.

Aufgabe 37

Benennen Sie die folgenden Schleifgeräte:

Aufgabe 38

Welche Körnung muss das Schleifpapier aufweisen, mit dem Sie den Exzenterschleifer für den ersten Abtrag von UP-Spachtel bestücken?

Aufgabe 39

Die Spachtelstelle muss zur weiteren Bearbeitung gereinigt werden. Was ist dabei zu beachten?

Aufgabe 40

Sie sehen in einer Fachzeitschrift ein Suchrätsel. Darin sind 14 Begriffe aus den Bereichen **Schleifgeräte** und **Schleifmittel** versteckt. Die Wörter können waagerecht, senkrecht oder diagonal stehen sowie vorwärts und rückwärts gelesen werden. Markieren Sie die gefundenen Wörter mit einem Textmarker.

S	C	H	L	E	I	F	B	L	U	E	T	E	N	F	E	J	J
F	Z	O	C	M	S	C	H	L	E	I	F	V	L	I	E	S	Z
W	K	H	F	E	C	R	O	Y	O	H	S	V	E	E	E	W	J
B	B	I	W	J	H	M	P	B	Z	P	C	E	R	G	H	O	O
R	X	K	C	O	L	B	F	I	E	L	H	C	S	S	H	Z	D
E	G	I	E	E	E	T	M	B	P	D	V	A	T	A	Z	I	I
T	B	L	E	C	I	E	P	B	R	L	P	S	N	I	P	T	Q
N	L	R	S	R	F	J	E	E	Z	S	C	N	Q	K	L	R	R
E	E	W	I	N	K	E	L	S	C	H	L	E	I	F	E	R	E
Z	I	W	I	L	L	R	M	H	L	S	A	X	X	I	V	N	F
X	I	B	E	H	O	J	L	E	B	A	N	Z	R	N	S	E	I
E	J	F	C	Z	T	I	I	E	S	P	A	E	G	G	V	E	E
I	P	N	E	E	Z	F	E	A	P	R	F	N	O	E	E	I	L
N	O	B	M	N	P	R	A	U	O	I	N	T	B	R	L	Z	H
I	Z	F	U	A	E	Z	X	V	E	F	W	E	A	S	I	A	C
M	S	Z	D	R	K	A	K	L	O	C	P	R	N	C	O	T	S
I	S	X	L	A	B	Q	H	E	M	K	F	R	A	H	P	S	G
D	E	L	T	A	S	C	H	L	E	I	F	E	R	L	Q	I	N
T	N	S	P	I	S	I	D	J	N	H	E	D	E	E	U	P	I
R	L	A	V	B	S	U	F	I	G	G	H	N	O	I	I	A	W
A	A	B	A	L	G	I	G	O	R	G	O	A	T	F	T	Y	H
U	W	T	E	B	N	U	V	A	Z	C	Q	M	E	E	T	C	C
B	S	C	H	L	E	I	F	H	O	B	E	L	Z	R	E	K	S
S	P	Y	T	R	E	I	P	A	P	F	I	E	L	H	C	S	Q
A	H	X	E	I	T	N	F	S	S	U	N	S	O	K	O	K	R

Pos. 4 Füllerauftrag

Aufgabe 41

Der nächste Arbeitsschritt ist der Auftrag des Füllers. Dieser übernimmt mehrere Funktionen im Beschichtungsaufbau. Nennen Sie mindestens vier dieser Funktionen.

Aufgabe 42

Wie würden Sie entscheiden?

Ein Mitauszubildender fragt Sie nach der Besonderheit des Nass-in-Nass-Füllers. Erklären Sie ihm diese.

Aufgabe 43

Der Füller wird im Anschluss geschliffen. Dazu wird er zunächst trocken und dann nass geschliffen. Nennen Sie die Besonderheiten des jeweiligen Schleifverfahrens.

Trockenschleifen	Nassschleifen

Aufgabe 44

Die Einzelteile dieses Puzzles gehören zu einem Zuordnungsspiel über **Spachtel- und Füllermaterialien**. Schneiden Sie die Einzelteile aus. Legen Sie diese so aneinander, dass an jeden Fachbegriff das Teil mit der zugehörigen Erklärung angelegt werden kann.

Kleben Sie anschließend alle Teile auf Seite 89 passend zusammen. Wenn alles richtig ist, entsteht zum Schluss eine bekannte Figur bzw. Form.

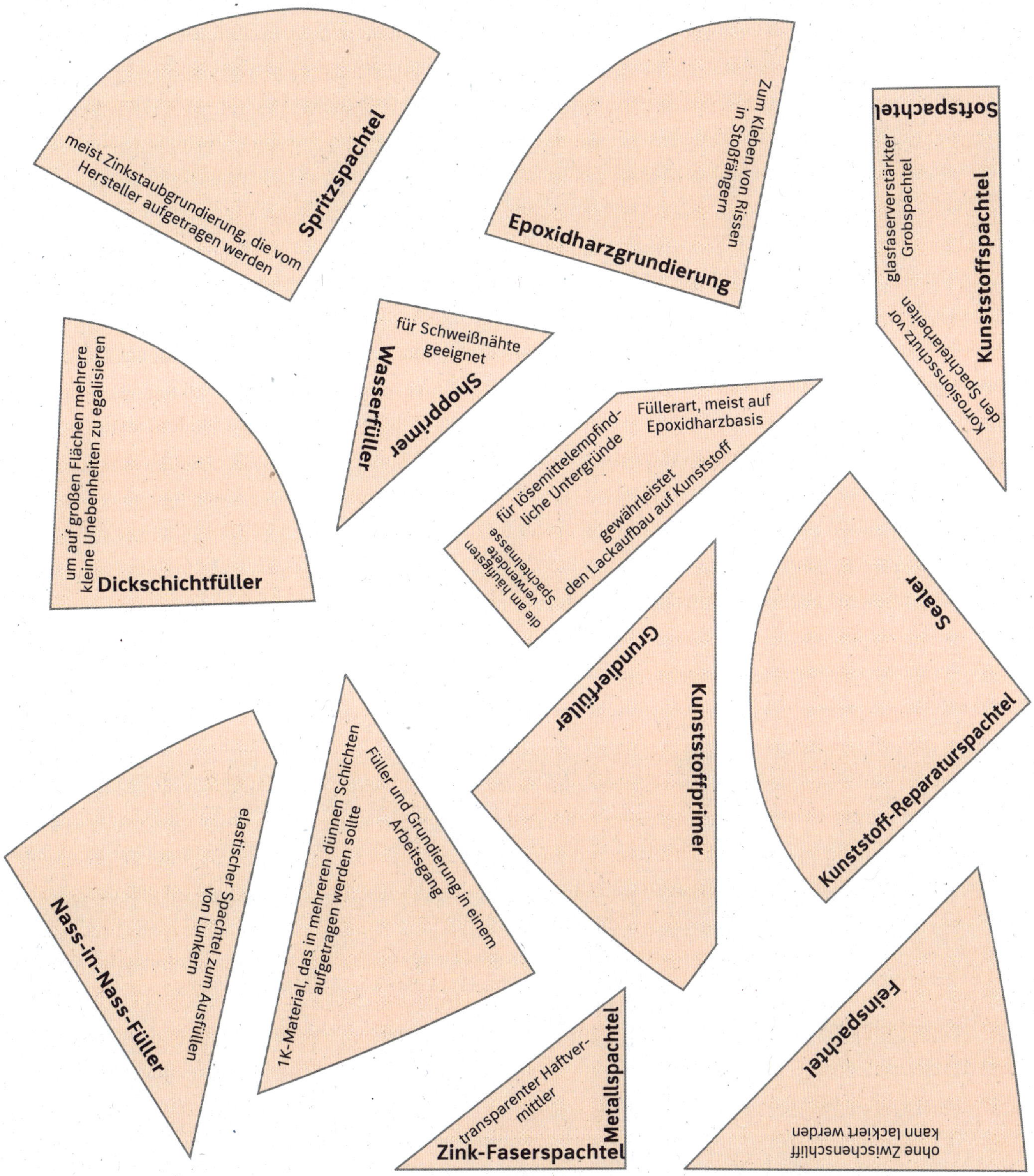

Lösungsblatt Aufgabe 44

ERMITTELN DES FARBTONS

Das Fahrzeug ist bereits 15 Jahre alt. Es kann sein, dass sich der ursprüngliche Farbton durch unterschiedliche Einflüsse verändert hat.
Deshalb muss vor der Lackierung die Farbnuance des Fahrzeugs ermittelt werden.

Leistungsbeschreibung

Pos. 1 Ermittlung des Farbtons
Pos. 2 Anmischen des Basislacks

Pos. 1 Ermittlung des Farbtons

Aufgabe 45

Der Meister bittet Sie, den Farbton des Fahrzeugs zu ermitteln und im Anschluss den Basislack anzumischen.
Als erstes versuchen Sie, am Fahrzeug den Farbcode zu finden. Wo befindet er sich?

Aufgabe 46

Sie haben den Farbcode am Fahrzeug entdeckt, bemerken aber bei einem Blick in den Farbfächer Ihres Lackherstellers, dass es sich nicht um diesen Farbton handeln kann. Als Sie dies dem Meister mitteilen, erklärt er Ihnen, dass es sich um eine Nuance des Farbtons handeln wird und Sie diesen sicher über den Fächer ermitteln können. Was müssen Sie beim Ermitteln eines Farbtons über den Farbfächer beachten?

Aufgabe 47

Wie würden Sie entscheiden?

Was meint ihr Meister mit Farbnuancen? Erkundigen Sie sich beim Altgesellen, was man darunter versteht.

Aufgabe 48

Sie finden den Aufkleber mit dem Farbcode im Auto. Allerdings handelt es sich bei der Codierung nicht um einen silberfarbenen, sondern um einen weißen Farbton. Das Auto muss also einmal umlackiert worden sein. Sie äußern besorgt die Frage, ob Sie nun im gesamten Farbfächer nach passenden Silberfarbtönen schauen müssen. Doch der Meister kann Sie beruhigen: Er hat jüngst ein Farbtonmessgerät erworben und Sie haben nun das Privileg, der Erste zu sein, der es verwenden darf. Was müssen Sie bei der Handhabung beachten?

Aufgabe 49

Wie können Sie überprüfen, ob Sie den gewünschten Farbton korrekt ermittelt haben?

Aufgabe 50

Wie würden Sie entscheiden?
Warum ist es wichtig, einen Farbton bei Tageslicht oder unter einer Lichtquelle mit gutem Farbwiedergabewert zu betrachten?

Pos. 2 Anmischen des Basislacks

Aufgabe 51

Warum müssen Sie beim Anmischen des Lacks an der Lackwaage bei den Farbtönen mit den geringsten Mengenanteilen besonders vorsichtig arbeiten?

Aufgabe 52

Ihr Meister weist Sie an, den Klarlack bereits mit anzumischen. Sie sollen einen halben Liter ansetzen, da im Anschluss noch Kleinteile in der Kabine lackiert werden sollen. Wie gelingt es Ihnen, dass der Klarlack nicht zu schnell härtet?

Aufgabe 53

Ihre Aufgabe ist es, einen Wasserbasislack anzurühren. Was wissen Sie über diese Art von Lack?

Wasserbasislack:	
Vorteile	
Nachteile	
Haltbarkeit geschlossenes Gebinde	
Haltbarkeit geöffnetes Gebinde	
Verarbeitungstemperatur	
Düsengröße	
Schichtdicke	

Aufgabe 54

Ihr Meister will in diesem Fall darauf verzichten, dem Klarlack für die Kunststoffteile Elastifizierer hinzuzufügen. Wären andere Additive sinnvoll? Nennen Sie drei und begründen Sie, warum sie sinnvoll wären.

Aufgabe 55

Das Mischungsverhältnis des Stammlacks zu Härter und Verdünnung ist mit 4:2:1 angegeben. Welche Menge brauchen Sie jeweils von den Komponenten, um auf 0,5 l Klarlack zu kommen?

Aufgabe 56

In Ihrem Lackierbetrieb werden immer öfter schnelltrocknende Klarlacke eingesetzt. Welche Vorteile bringen diese Klarlacke?

Aufgabe 57

Bevor Sie die fertigen Lacke zur Kabine bringen, rufen Sie sich noch einmal den Ablauf zum Lackieren von Wasserbasislack in den Sinn. Bringen Sie den Arbeitsablauf in die richtige Reihenfolge (Achtung, Ablüften wird mehrmals durchgeführt):

Arbeitsschritt Nr.	Tätigkeit
	Leichtes Ausnebeln
	Ablüften
	Klarlack
	Reinigen der Fläche
	Vornebeln der Fläche
	Deckender Spritzgang

BEILACKIEREN

Die bereits vorbereiteten Schadstellen sollen im Anschluss beilackiert werden. Dabei sollen Lackfehler vermieden werden.

Leistungsbeschreibung

Pos. 1 Beilackieren
Pos. 2 Lackierfehler entdecken und ggf. entfernen

Pos. 1 Beilackieren

Aufgabe 58

Beim vorliegenden Kundenauftrag wurde entschieden, beizulackieren. Begründen Sie, wieso das sinnvoll ist.

Aufgabe 59

Ihr Chef ermahnt Sie, Sie sollen – so gut es geht – „Overspray“ vermeiden. Erklären Sie diesen Begriff.

Aufgabe 60

Mit Geschick und Erfahrung lässt sich beim Beilackieren die Farbnuance variieren. Welcher Einflussfaktor bedingt was?

	Einflussfaktoren	Farbton heller	Farbton dunkler
Spritzkabine	Temperatur		
	Spritzdruck		
Spritzpistole	Farbdüse		
	Nadeleinstellung		
	Spritzdruck		
	Strahlbreite		
Spritzmethode	Spritzabstand		
	Spritzgeschwindigkeit		
	Ablüftzeit zwischen den Spritzgängen		
Verdünnung	Art der Verdünnung		
	Spritzviskosität		

Aufgabe 61

Erklären Sie, wofür Beispritzverdünnung verwendet wird.

Aufgabe 62

Suchen Sie (z. B. in Kleingruppen, im Klassenverband) in der näheren Umgebung der Schule, der Nachbarschaft oder im Betrieb Beispiele unterschiedlich beschädigter Karosserien. Diese sollen Dellen oder Korrosionsschäden aufweisen, die sich für eine Beilackierung eignen. Fotografieren Sie diese Beispiele mit Ihrem Smartphone oder einer Digitalkamera. Wählen Sie im Klassenverband drei geeignete Beispiele aus. Drucken Sie Ihre Fotos aus und kleben Sie sie in die folgende Tabelle ein.

Erklären Sie stichpunktartig auf Basis ihrer Kenntnisse, warum sich diese Beispiele Ihrer Meinung nach eignen und wie Sie bei der Reparatur vorgehen würden.

Beschreibung	Foto

Aufgabe 63

Zeichnen Sie mit einem farbigen Stift die Zonen ein, die beim Beilackieren der Schadstelle am Radlauf betroffen wären und benennen Sie die jeweiligen Arbeitsschritte.

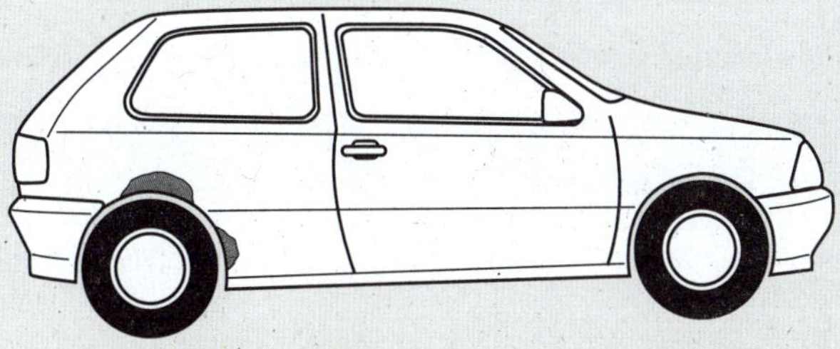

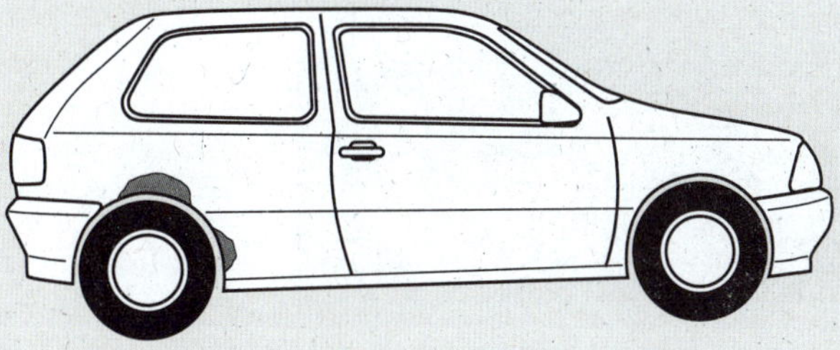

Pos. 2 Lackierfehler entdecken und ggf. beseitigen

Aufgabe 64

Der Kunde wollte seine Lackierung zwar so kostengünstig wie möglich, wird sich aber trotzdem über Lackierfehler beschweren. Darum fordert Ihr Geselle Sie auf, das Fahrzeug auf Lackierfehler zu untersuchen. Welche Lackierfehler gibt es, welche Ursachen können sie haben und wie können sie beseitigt werden?

Füllen Sie zur Beantwortung der Fragestellungen die leeren Felder in der Tabelle aus.

Lackierfehler/Abbildung	Mögliche Ursachen	Abhilfemöglichkeiten
Läufer 	– zu viel Material gespritzt – zu große Pistolendüse – Ablüftzeiten nicht beachtet – zu niedrige Spritzviskosität – Pistole zu nah am Objekt – zu geringer Spritzdruck – Verwendung ungeeigneter Verdünnung – Temperatur von Untergrund, Lack oder Raumluft zu niedrig	a) Läufer mit Lackhobel oder Wasserschleifpapier P 800 abtragen, weiterer Schliff mit P 1000 bis P 1500 (nach Bedarf auch feiner), danach polieren b) Läufer mit Wasserschleifpapier P 600 bis P 800 schleifen, erneut lackieren
Wolkenbildung 	– Pistole falsch/ungleichmäßig geführt – Spritzabstand wurde variiert – zu niedrige Spritzviskosität – Ablüftzeiten nicht beachtet – Verwendung ungeeigneter Verdünnung	
Blasenbildung 		Bereich je nach Schadenstiefe mit Wasserschleifpapier P 400 bis P 800 schleifen, neu lackieren
Haftungsstörungen 		Lose Lackschichten ggf. mit Druckluft oder Dampfstrahler entfernen, Bereich je nach Schadenstiefe mit Wasserschleifpapier P 400 bis P 800 schleifen, neu lackieren

Lackierfehler/Abbildung	Mögliche Ursachen	Abhilfemöglichkeiten
Kocher 		Bereich mit Wasserschleifpapier P 600 bis P 800 schleifen, erneut lackieren (ggf. 2 K-Füller- oder Spritzspachtel als Zwischenschicht dünn spritzen und schleifen)
Hochziehen/Aufquellen 	– Beschichtung auf nicht durchgehärteter oder anlösbarer Altlackierung – Trocknungs-/Härtungsstörungen wegen ungeeigneter Grund-/Füllermaterialien	
Orangenhaut/Orangenschaleneffekt 	– zu hohe Spritzviskosität – ungeeignete Verdünnung verwendet – Decklack zu dick oder zu dünn aufgespritzt – Spritztemperatur zu hoch (> 25 °C)	
Staubeinschlüsse 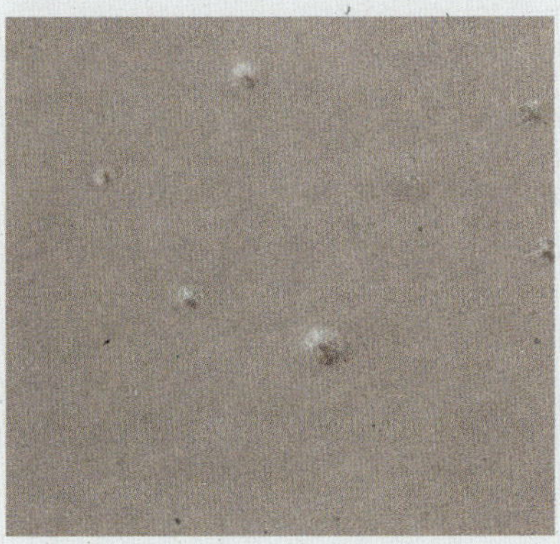	– Fahrzeug wurde vor dem Lackieren nicht mit Druckluft ab-/ausgeblasen – Wechselintervalle bei Decken- oder Bodenfilter nicht eingehalten – Verschmutzte und ungeeignete Kleidung des Lackierers – Lackmaterial wurde nicht gesiebt – kein Überdruck in der Kabine – Lackierkabine ist stark verschmutzt	a) Nassschliff mit P 1000 bis P 1500 (nach Bedarf auch feiner), danach polieren (wenn Staub auf der Decklackoberfläche) b) Nassschliff mit P 600 bis P 800, neu lackieren (wenn Staub in tieferen Schichten)

Lackierfehler/Abbildung	Mögliche Ursachen	Abhilfemöglichkeiten
Durchbluten an Spachtelstellen 	– Spachtel wurde nicht homogen mit Härter gemischt, Peroxid aus dem Härter schlägt durch	
Schleifriefen 		Nassschliff mit P 400 bis P 800, neu lackieren
Oberflächenstörungen durch Verunreinigungen 		Nassschliff mit P 400 bis P 800, neu lackieren

KUNDENAUFTRAG

Ihre Firma bekommt einen Auftrag von einer neuen Kette von Süßwarenläden; sie will ihre Fahrzeuge identisch gestalten lassen. Mehrere Geschäfte haben sich unter einem neuen Namen zusammengeschlossen, ihre Verkaufsräume sind über die gesamte Stadt verteilt. Insgesamt handelt es sich um 15 Filialen. Die Gestaltung der Fahrzeuge überlassen sie Ihrer Firma. Ihr Meister entscheidet, dass Sie sich mit dieser Aufgabe beschäftigen sollen. Die Fahrzeuge liefern Schokolade, Bonbons, Weingummi und Ähnliches aus. Das Design soll einen möglichst hohen Wiedererkennungswert aufweisen. Wegen des Wiederverkaufswertes soll die Gestaltung der Fahrzeuge mit Folien erfolgen.

Objektbeschreibung

- 25 Fahrzeuge: Hyundai H 1
- Farbton: weiß
- Zu gestalten sind Front, Heck und die Seitenpartien.
- Die Sicken und Kanten sind zu beachten.
- Der Firmenname lautet „Zuckerschnute".

Auszuführende Arbeiten

- Auswahl geeigneter Farbkontraste und Formen
- Erstellung eines Farbplanes
- Auswahl einer Schriftart und Entwurf eines Slogans
- Vergrößerung des Entwurfs
- Aufbringen der Folien

AUSWAHL GEEIGNETER FARBEN UND FORMEN

Wählen Sie geeignete Farbtöne für Ihre Gestaltung und beachten Sie die Formsprache.

Leistungsbeschreibung

Pos. 1 Wahl des Farbkontrastes
Pos. 2 Wahl der Form als Gestaltungsmittel
Pos. 3 Erstellen eines Farbentwurfs

Pos. 1 Wahl des Farbkontrastes

Aufgabe 1

Die Geschäftsführerin der Süßwarenkette wünscht, dass die Fahrzeuge auffallen und einprägsam genug sind für die paar Sekunden, die sie im Straßenverkehr die potenziellen Kunden passieren. Bevor Sie dies planen können, müssen Sie sich über die Möglichkeiten des Einsatzes von Farbkontrasten bewusst werden. Benennen Sie die folgenden Farbkontraste und beschreiben Sie stichpunktartig deren Wirkung.

Farbkontraste	

Aufgabe 2

Erstellen Sie als Anschauungsmaterial für die Kundin einen 12-teiligen Farbkreis nach Itten, indem Sie entweder:

- die Vorlage auf ein A4-Blatt (oder größer) kopieren und per Hand ausmalen oder
- die Vorlage auf ein A4-Blatt (oder größer) kopieren und die Farbtonflächen z. B. aus ausgedienten Farbtonkarten ausschneiden und aufkleben oder
- die Vorlage am PC fertigen und ausdrucken. Achten Sie dabei auf eine möglichst genaue, reine Farbtonwiedergabe des Ausdrucks.

Aufgabe 3

Erklären Sie anhand des erstellten Farbkreises aus Aufgabe 2 den
a) Komplementärkontrast
b) Hell-Dunkel-Kontrast
c) Kalt-Warm-Kontrast

Füllen Sie die Felder zweifarbig aus, sodass der jeweilige Farbkontrast erkennbar ist.

a) Komplementärkontrast

b) Hell-Dunkel-Kontrast

c) Kalt-Warm-Kontrast

Pos. 2 Wahl der Form als Gestaltungsmittel

Aufgabe 4

Wie würden Sie entscheiden?

Sie haben ein paar Gestaltungsideen in Skizzenform auf das Papier gebracht, um sich besser für eine Gestaltung entscheiden zu können und Ihre Wahl der Kundin besser erläutern zu können. Beschreiben Sie die Wirkung/den Effekt, den die Gestaltungen auf Sie haben. Diskutieren Sie dies im Vorfeld mit Ihren Mitschülern. Erklären Sie, welche Variante für Sie evtl. infrage käme.

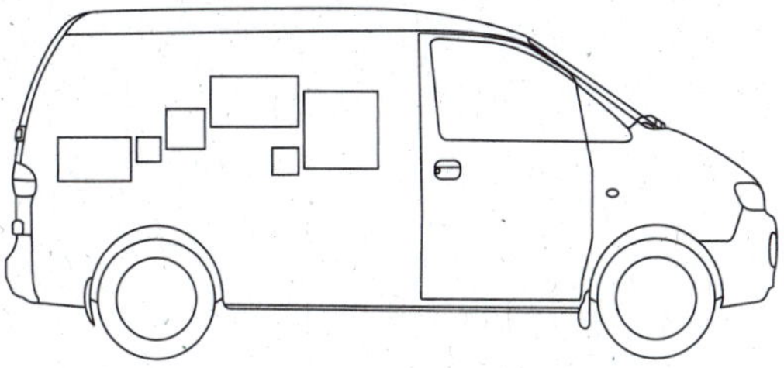

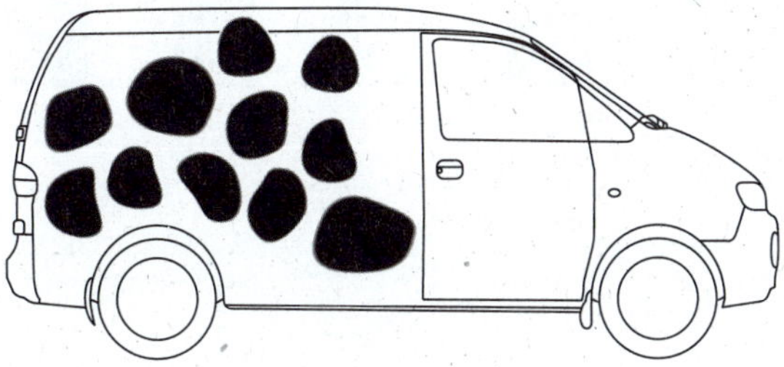

Aufgabe 5

Wie würden Sie entscheiden?
Da die von der Kundin gewünschte Gestaltung mit den Attributen „aufregend“ und „spannend“ beschrieben wird und der Wunsch nach Harmonie diesem Ziel widerspricht, sehen Sie von einer Gestaltung unter Berücksichtigung des goldenen Schnitts ab. Ihr Geselle macht sich daraufhin über Sie lustig und behauptet, dass Sie selbigen lediglich nicht konstruieren könnten. Beweisen Sie ihm das Gegenteil, indem Sie ein Pentagramm konstruieren.

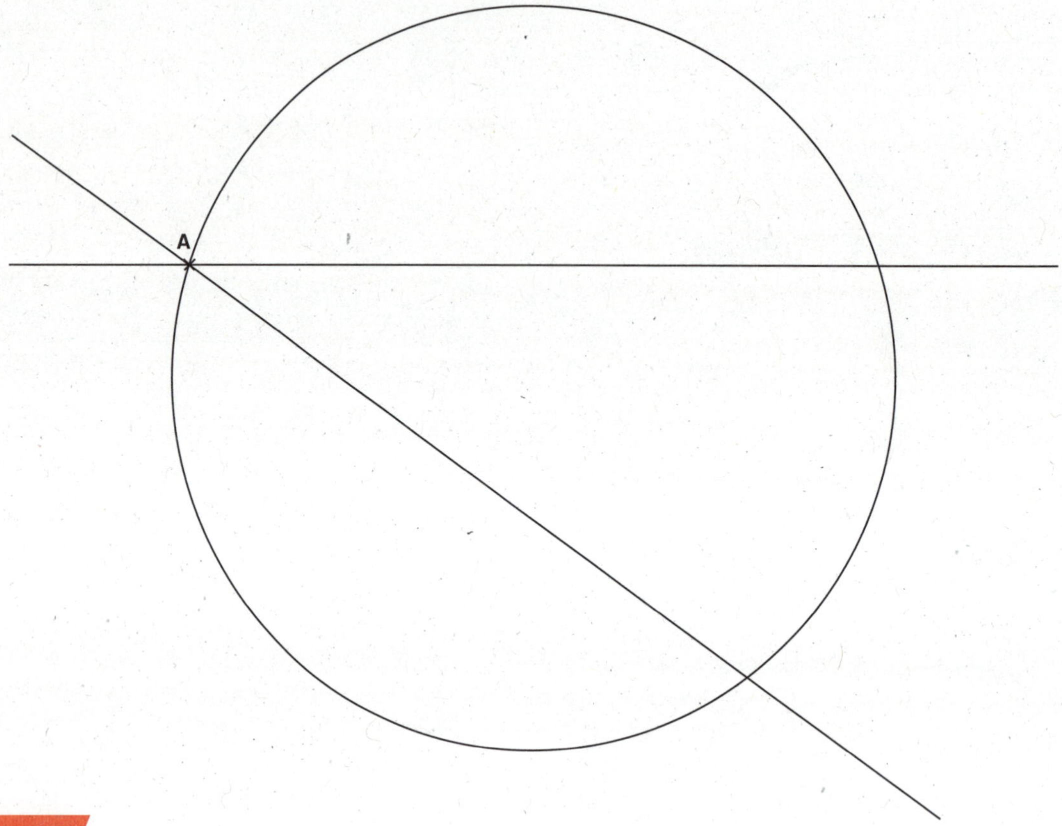

Aufgabe 6

Optische Täuschungen können einen interessanten Effekt bei der Gestaltung ergeben.
Diskutieren Sie über die Wirkungen und Einsatzmöglichkeiten der folgenden Täuschungen.

Pos. 3 Erstellen eines Farbentwurfs

Aufgabe 7

Die Kundin wünscht, dass Sie ihr zwei Entwürfe für die Farbgestaltung vorlegen.
Erarbeiten Sie zwei Farbentwürfe, indem Sie zuerst Ihre gewählten Farbtöne in die obere Spalte und dann auf das Fahrzeug bringen. Legen Sie diese der Kundin vor und begründen Sie Ihre Wahl. Entscheiden Sie sich gemeinsam mit der Kundin für einen der beiden Vorschläge.

Gewählte Farbtöne			

Entwurf 1

Gewählte Farbtöne			

Entwurf 2

AUSWAHL EINER SCHRIFTART UND ENTWURF EINES SLOGANS

Die Kundin wünscht, dass Sie sich einen Slogan für die Firma ausdenken und eine passende Schriftart auswählen.

Leistungsbeschreibung

Pos. 1 Auswahl einer Schriftart
Pos. 2 Entwurf eines Slogans
Pos. 3 Erstellung von Beschriftungsentwürfen

Pos. 1 Auswahl einer Schriftart

Aufgabe 8

Sie werden gebeten, die Schriftart auszuwählen. Mit den verschiedenen Schriftarten kennen Sie sich seit dem letzten Ausbildungsjahr bereits aus. Überprüfen Sie Ihr Wissen, indem Sie die Tabelle vervollständigen. Recherchieren Sie ggf. im Internet.

Antiqua-Schriften	
Grotesk-Schriften	
Gebrochene Schriften	
Kursiv	
VERSALIE	
Gemeine	
Spationierung	

Aufgabe 9

GT

Ein Firmenfahrzeug soll mit den Initialen der Firma „GT“ gestaltet werden. Um die Schrift zu charakterisieren, wurde eine Checkliste entwickelt.
Markieren Sie in der Tabelle in jeder Zeile ein Feld, das die hier gewählte Schrift korrekt beschreibt.

Schriftart/ Schriftgruppe	Renaissance Antiqua	Klassizistische Antiqua	Handschriftliche Antiqua	Serifenbetone Linear-Antiqua
Schriftschnitt	Kursiv	Fett	Normal	Fett kursiv
Schriftauszeichnung	Gemeine	Geviert	Versalien	Reglette
Strichführung	Gerade	Schräg	Rund	gleichwertig

Aufgabe 10

Die Schrifthöhe soll an den Seitenflächen 25 % der Höhe ausmachen. Am Heck sollen es 18 % der Höhe sein, allerdings muss hier die Fensterhöhe von 60 cm abgezogen werden. Berechnen Sie die beiden Schrifthöhen, wenn das Fahrzeug 1,90 m hoch ist.

Aufgabe 11

Mit dem Schablonieren kennen Sie sich auch bereits aus. Diesmal sollen Sie den Firmennamen „Zuckerschnute" als Schriftbild aber erst entwerfen. Berechnen Sie dazu zunächst die Balkenbreite einer normalen Grotesk für die angegebene Wortlänge. Als Konstruktionshilfe dienen die Übersicht über die Balkenbreite und die Tabelle für den optischen Ausgleich der Buchstabenabstände aus dem Lehrbuch.

Gerade Buchstaben

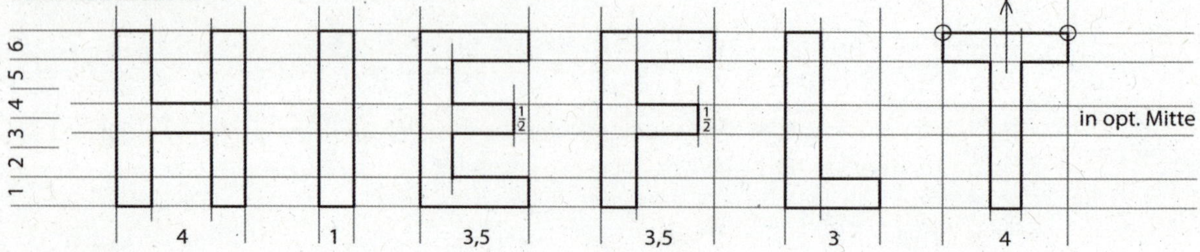

Schräge Buchstaben

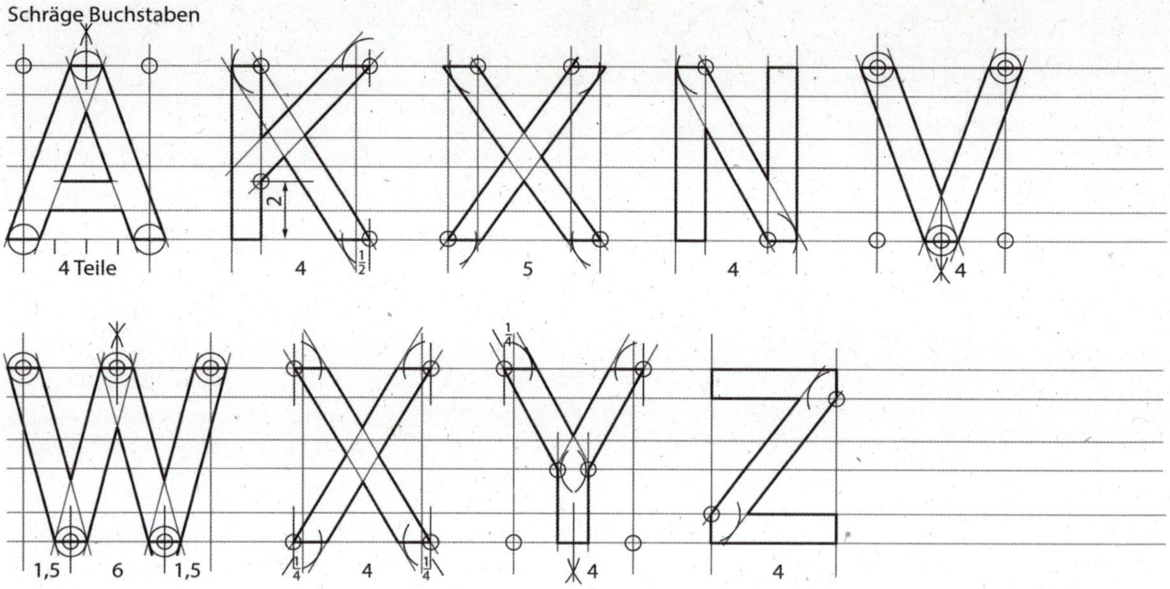

Runde Buchstaben

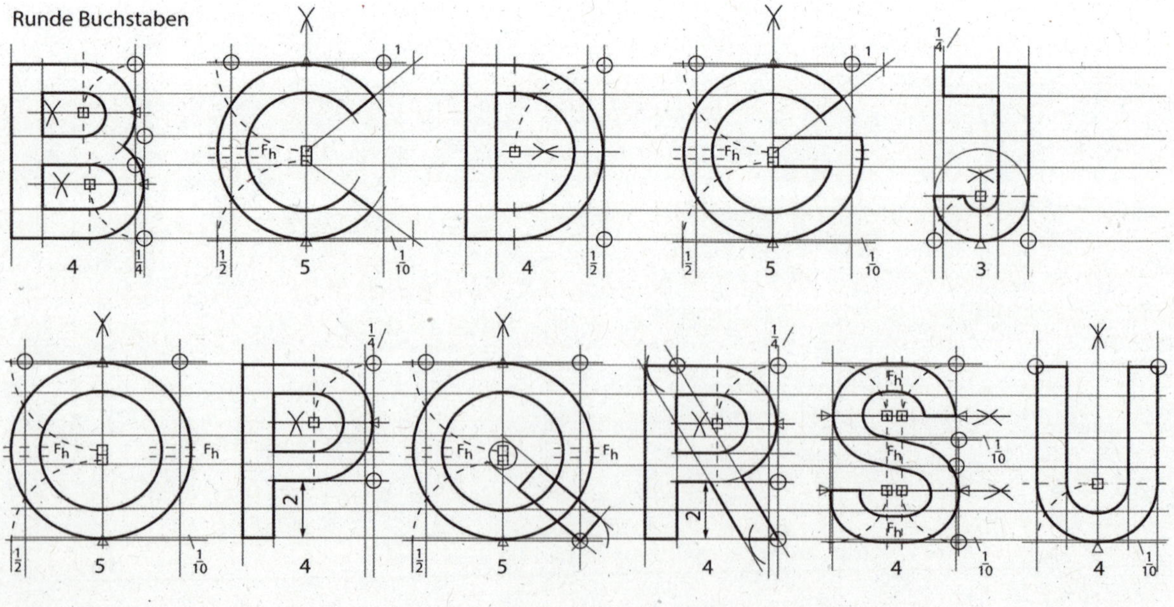

Z	U	C	K	E	R	S	C	H	N	U	T	E

Aufgabe 12

Sie planen bereits, die Schrift auf Folie zu übertragen und auszuschneiden. Suchen Sie sich Ihre Werkzeuge aus. Begründen Sie, warum Sie welche Werkzeuge benutzen.

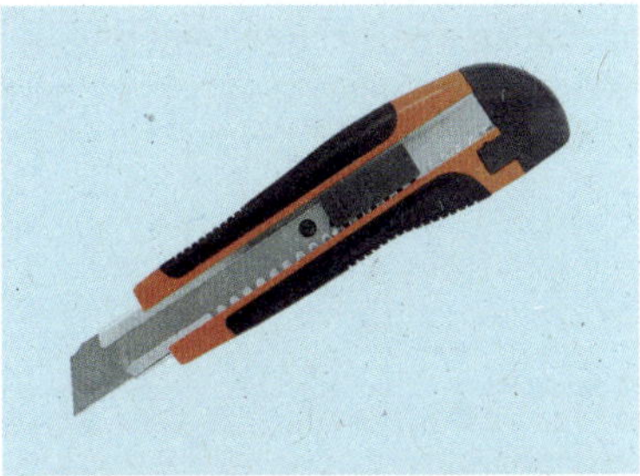

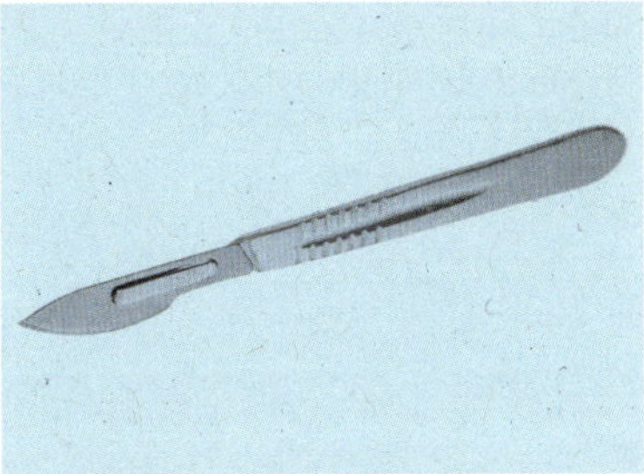

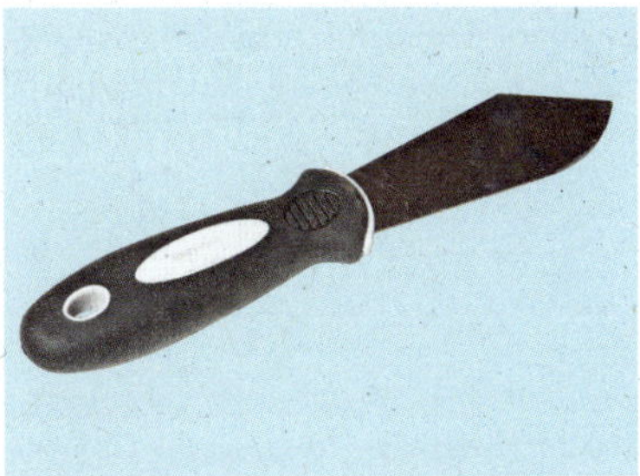

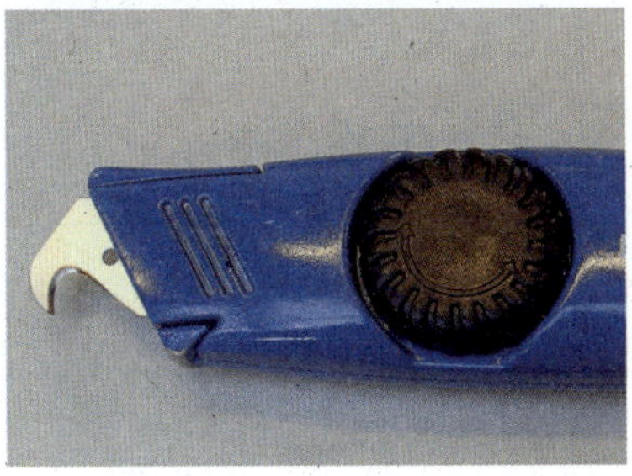

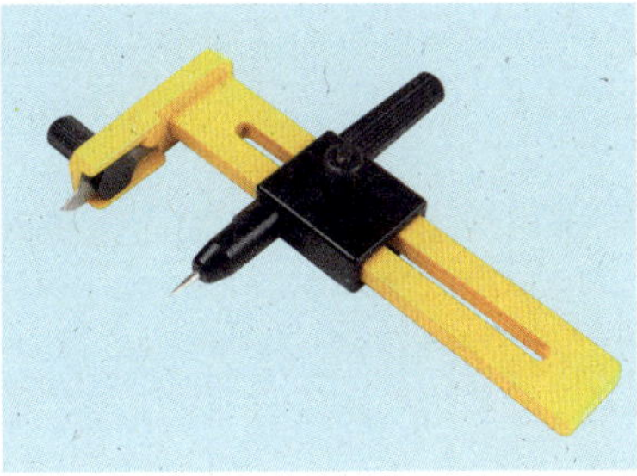

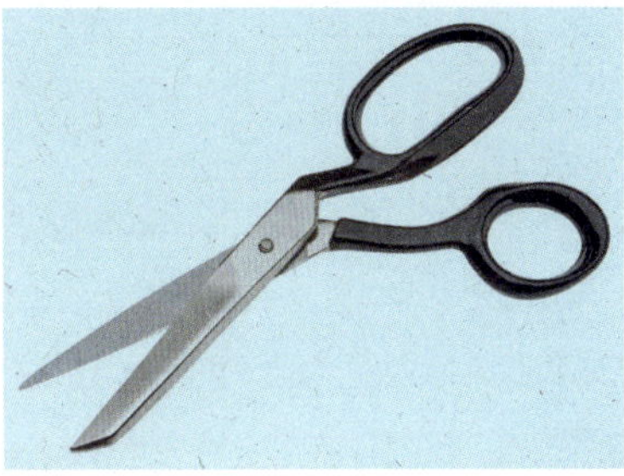

Aufgabe 13

Wie würden Sie entscheiden?
Ihr Chef schätzt Ihr Engagement, weist Sie aber auf den Schneideplotter hin, der sich in einem der Lagerräume der Firma befindet. Sie erinnern sich, beim Aufräumen ein solches Gerät schon einmal bemerkt zu haben. Doch scheint es selten benutzt zu werden und es scheint keine Anleitung mehr vorhanden zu sein. Recherchieren Sie im Internet nach einer Anleitung für einen Schneideplotter und übertragen Sie den Inhalt.

Pos. 2 Entwurf eines Slogans

Aufgabe 14

Überlegen Sie sich Begriffe, die zu Süßwaren und dem Firmennamen „Zuckerschnute“ passen, und versuchen Sie einen geeigneten Slogan zu entwerfen. Überlegen Sie sich drei Slogans und fragen Sie Ihre Kundin, welcher am ehesten ihrer Vorstellung entspricht.

Pos. 3 Erstellung von Beschriftungsentwürfen

Aufgabe 15

Bevor Sie sich mit dem gestalterischen Teil auseinander setzen können, müssen Sie eine Folie wählen, die Ihr Chef für Sie bestellen muss. Wägen Sie die Vor- und Nachteile der beiden gegebenen Folien mit den entsprechenden Klebern ab. Begründen Sie Ihre Auswahl.

	Folie mit Kautschukkleber	Folie mit Polyacrylatkleber
Vorteile		
Nachteile		

Entscheidung:

Aufgabe 16

Sie wissen, wie eine vorgefertigte Schrift ausgewählt wird und wie Buchstaben optisch ausgeglichen werden können.
Versuchen Sie, Ihr Wissen anzuwenden, indem Sie in den folgenden Zeilen eigene, individuelle Schriftzüge des Begriffs „Zuckerschnute" entwerfen.

Aufgabe 17

Bringen Sie nun ihre Überlegungen als Entwürfe auf Papier. Diskutieren Sie Ihre Überlegungen mit Ihren Mitschülern, um für die anschließende Präsentation bei der Kundin vorbereitet zu sein. Kopieren Sie die Vorlage für weitere Entwürfe.

Kopiervorlage

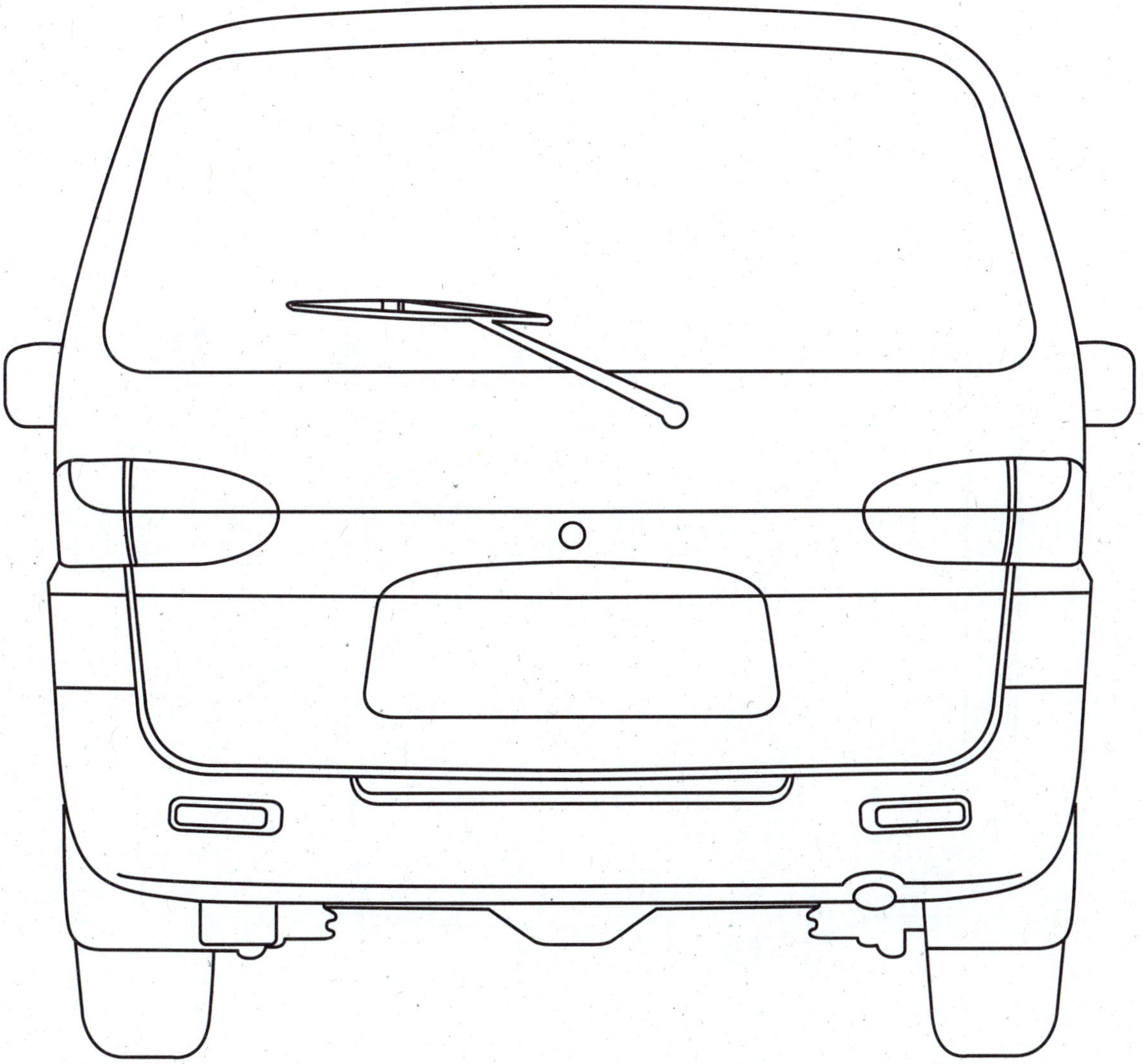

Kopiervorlage

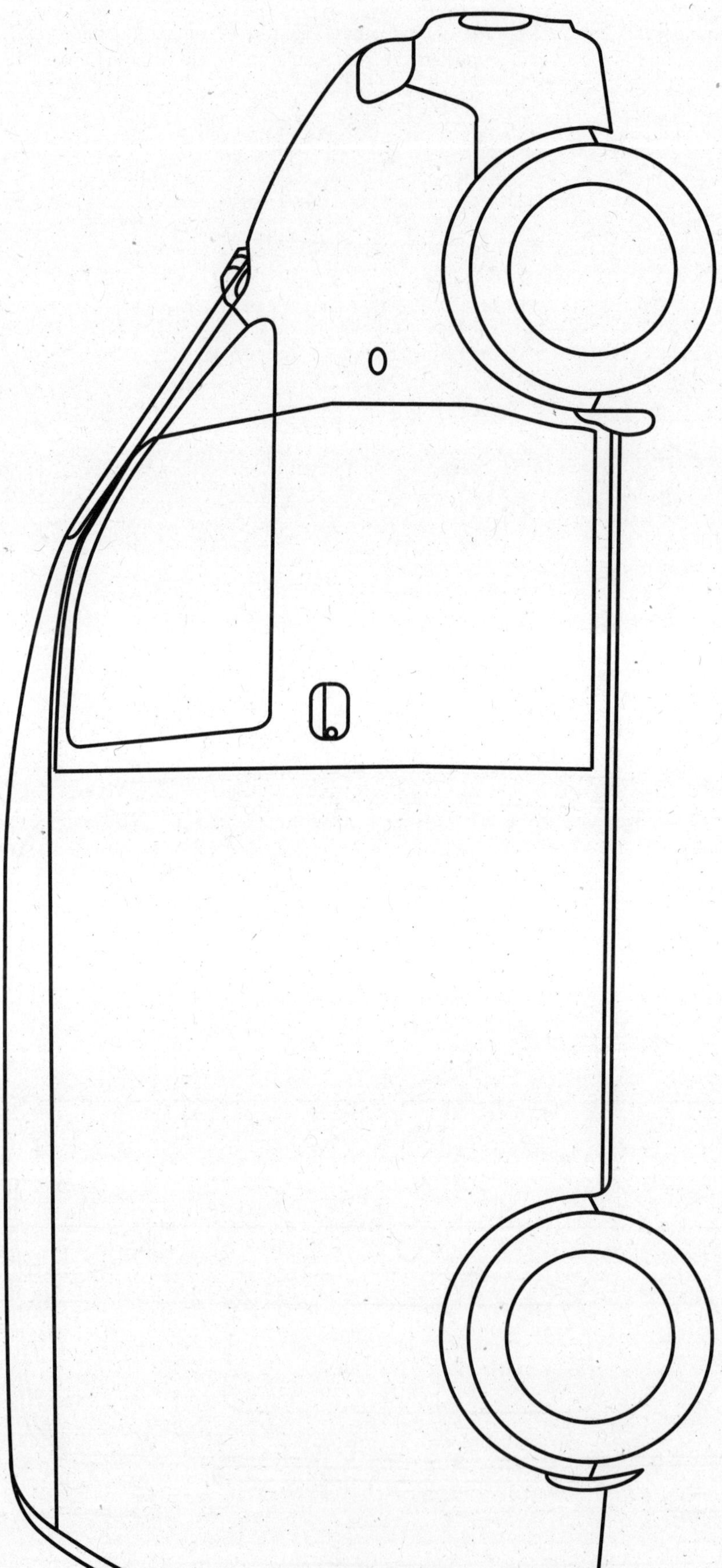

Kopiervorlage

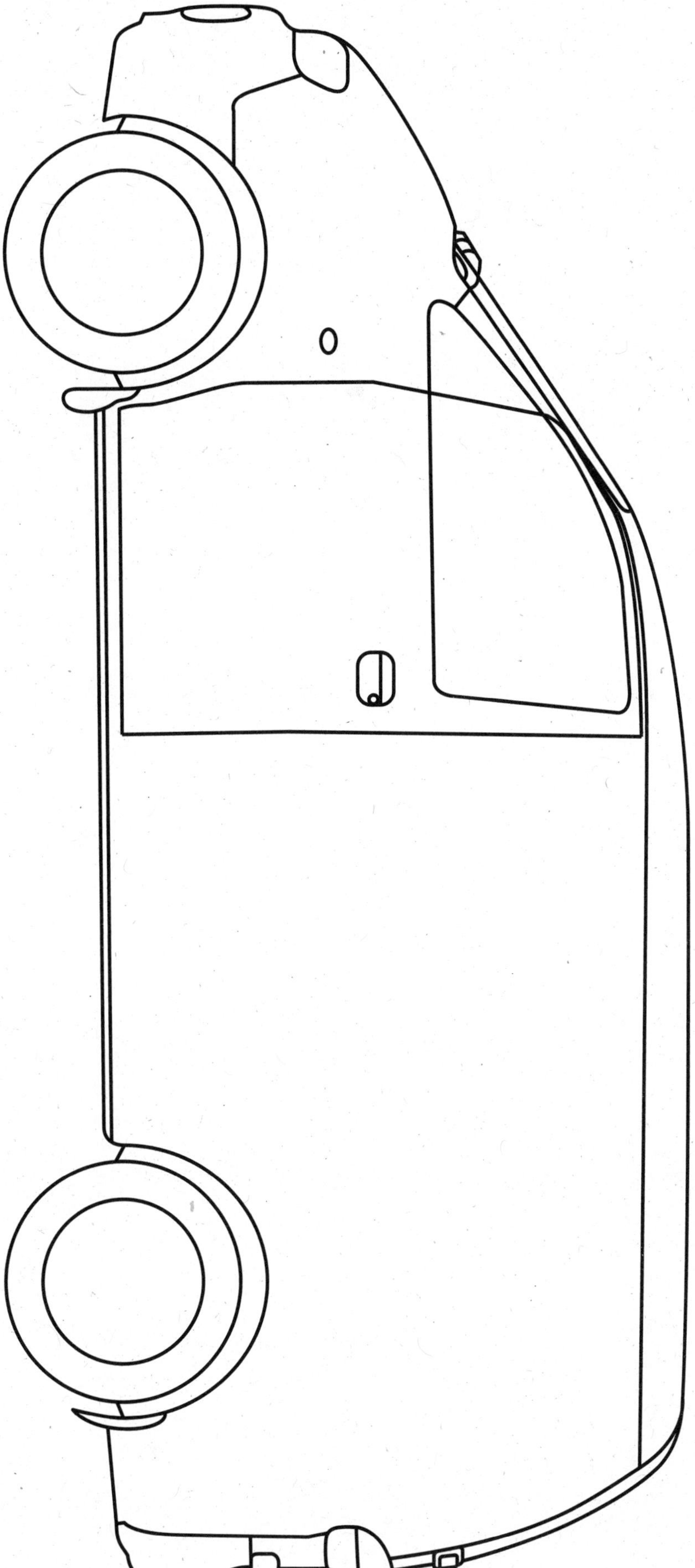

VERGRÖẞERUNG DES ENTWURFS

Es gibt mehrere Arten der Entwurfsvergrößerung. Damit Sie Übung bekommen, möchte Ihr Meister, dass Sie sich erst einmal an einem kleinen Projekt manuell versuchen. Dazu müssen Sie im Vorfeld eine Maßstabsberechnung durchführen.

Leistungsbeschreibung

Pos. 1 Maßstabsberechnung
Pos. 2 Manuelle Vergrößerung

Pos. 1 Maßstabsberechnung

Aufgabe 18

Das nebenstehende Bild soll in einem passenden Maßstab auf ein A4-Blatt übertragen werden.

a) Berechnen Sie den Maßstab, sodass das A4-Blatt optimal ausgenutzt wird.

b) Zeichnen Sie ein Raster über das nebenstehende Bild.

c) Übertragen Sie das Raster ebenfalls auf das vorbereitete A4-Blatt.

d) Übertragen Sie anschließend das Bild.

Pos. 2 Manuelle Vergrößerung

Aufgabe 19

Sie sollen ein Firmenlogo (Maße: 5,00 m · 9,00 m) im Maßstab 15 : 1 auf einem Firmenwagen aufbringen.

a) Handelt es sich um eine Verkleinerung oder eine Vergrößerung? Begründen Sie Ihre Antwort.

b) Berechnen Sie die Größe des anzubringenden Firmenlogos in cm.

Aufgabe 20

Es gibt Zierstreifen, Zierlinien und Dekore. Ordnen Sie die Begriffe der entsprechenden Abbildung zu.

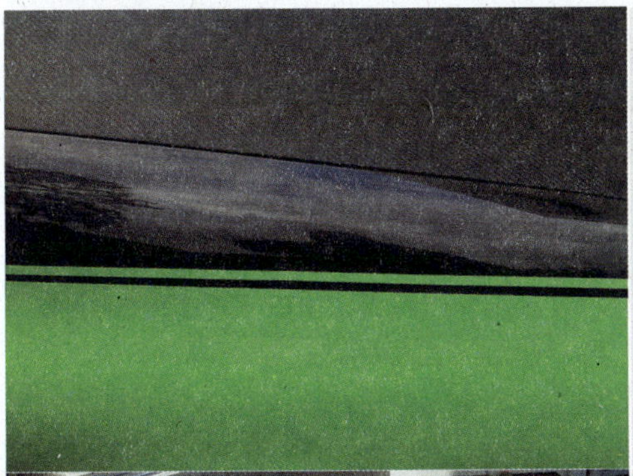

Aufgabe 21

Das folgende Dekor soll vergrößert dargestellt werden. Verwenden Sie dafür die nachfolgende Seite.

AUFBRINGEN DER FOLIEN

Das Fahrzeug ist vorbereitet. Zuletzt muss der von Ihnen erdachte Schriftzug in Form einer Folie auf das Fahrzeug aufgebracht werden.

Leistungsbeschreibung

Pos. 1 Auswahl geeigneter Werkzeuge
Pos. 2 Aufbringen der Folie
Pos. 3 Kundengespräch

Pos. 1 Auswahl geeigneter Werkzeuge

Aufgabe 22

Benennen Sie die Werkzeuge, die Sie zum Aufbringen der Folien benötigen:

Werkzeug	Bezeichnung

Pos. 2 Aufbringen der Folie

Aufgabe 23

Bringen Sie die Arbeitsschritte zum Aufbringen der Folie in die richtige Reihenfolge:

Nr.	Arbeitsschritt
	Übertragungsfolie aufbringen, mit Rakel festdrücken
	Übertragungsfolie entfernen
	Schneideplotter benutzen
	Folie auf dem Fahrzeug ausrichten und fixieren
	Grundlinie einzeichnen
	Folie abrollen; blasenfrei übertragen
	Reinigen des Fahrzeugs mit Siliconentferner
	Nicht benötigte Folie entfernen
	Entfernen des Trägerpapiers
	Luftblasen vorsichtig mit einer Nadel aufstechen

Aufgabe 24

Wann empfiehlt es sich ...

a) die Folie zu erwärmen?

b) die Folie 72 Stunden an der Luft trocknen zu lassen?

c) auf Konservierungswachs zu verzichten?

d) mit dem Fahrzeug wieder in eine Waschanlage zu fahren?

Pos. 3 Kundengespräch

Aufgabe 25

a) Das Fahrzeug wurde nun von Ihnen beschriftet und gestaltet. Wählen Sie aus den unterschiedlichen Entwürfen, die Sie erstellt haben, einen aus, der von der Beschriftung und der optischen Gestaltung zusammenpasst. Begründen Sie Ihre Wahl.

b) Sie haben Ihren Entwurf in Teil a) dieser Aufgabe begründet. Nun müssen Sie Ihre Arbeit der Kundin präsentieren. Überlegen Sie sich, welche Fragen sie Ihnen zu dem Entwurf stellen könnte. Was ist für die Kundin wahrscheinlich von Interesse? Um im Gespräch angemessen antworten zu können, diskutieren Sie mögliche Fragen zu Ihrem Entwurf mit Ihren Mitschülern und schreiben Sie anschließend die passenden Antworten zu diesen Fragen auf. Berücksichtigen Sie die Anforderungen, die die Kundin an den Entwurf gestellt hat.

Mögliche Fragen des Kunden	Ihre Antworten in Bezug auf Ihren Entwurf

KUNDENAUFTRAG

› Eine Verkehrsgesellschaft möchte zu ihrem Jubiläum alte Waggons in einem Museum ausstellen. Ihre Lackiererei hat den Auftrag bekommen, mehrere Waggons für diesen Zweck neu zu lackieren. Nachdem die Korrosionsschäden entfernt wurden, bekommen Sie den Auftrag zur Durchführung der Lackierung.

Objektbeschreibung

Fahrzeug:	Straßenbahnwaggon
Farbton:	grün/weiß, Dach grau
Schäden:	Korrosionsschäden bereits behoben

Auszuführende Arbeiten

- Auswahl des passenden Lackierverfahrens
- Berechnung des Material- und Energiebedarfs

AUSWAHL DES PASSENDEN LACKIERVERFAHRENS

Nachdem die Korrosionsschäden an den Waggons beseitigt wurden und die Grundierung aufgetragen wurde, sollen Sie die neue Lackierung mit einem 2-Komponenten-Lack ausführen.

Leistungsbeschreibung

Pos. 1 Lackierverfahren auswählen
Pos. 2 Druckluftaufbereitung

Pos. 1 Lackierverfahren auswählen

Aufgabe 1

Um einen Überblick über die unterschiedlichen Lackierverfahren zu erhalten, stellen Sie Airless, das elektrostatische Lackierverfahren und Airmix einander gegenüber.
a) Erläutern Sie das jeweilige Verfahren in der Tabelle.

Airless	Elektrostatisch	Airmix

b) Schreiben Sie die Vor- und Nachteile des jeweiligen Lackierverfahrens auf.

Airless	Elektrostatisch	Airmix
Vorteile	Vorteile	Vorteile
Nachteile	Nachteile	Nachteile

Aufgabe 2

Die Anwendung des Airless-Verfahrens setzt bestimmte Kenntnisse voraus. Notieren Sie diese.

Aufgabe 3

Notieren Sie die zu beachtenden Unfallverhütungsmaßnahmen beim Airless-Spritzen.

Aufgabe 4

Welcher Spritzdruck kann bei einer Druckübersetzung von 23:1 und einem Eingangsdruck von 6 bar erreicht werden?

Aufgabe 5

Eine Applikationsmöglichkeit ist das Heißspritzen. Ihr Mitauszubildender möchte von Ihnen wissen, wie das Beschichtungsmaterial beim Heißspritzen aufgeheizt wird.

a) Recherchieren Sie die Bedeutung des Thermospritzens.

b) Erläutern Sie, wie die Materialerwärmung stattfinden kann.

c) Nennen Sie die Vorteile, die sich aus der Viskositätsverringerung ergeben.

Aufgabe 6

Wie würden Sie entscheiden?
Welches Verfahren würden Sie für die Lackierung der Waggons wählen?

Pos. 2 Druckluftaufbereitung

Aufgabe 7

Sie werden mit der Wartung des Kompressors beauftragt.

a) Benennen Sie die Bestandteile des dargestellten Druckluftsystems und beschreiben Sie anschließend kurz deren Funktion.
b) Schreiben Sie die englische Bezeichnung der Geräte in die Tabelle.

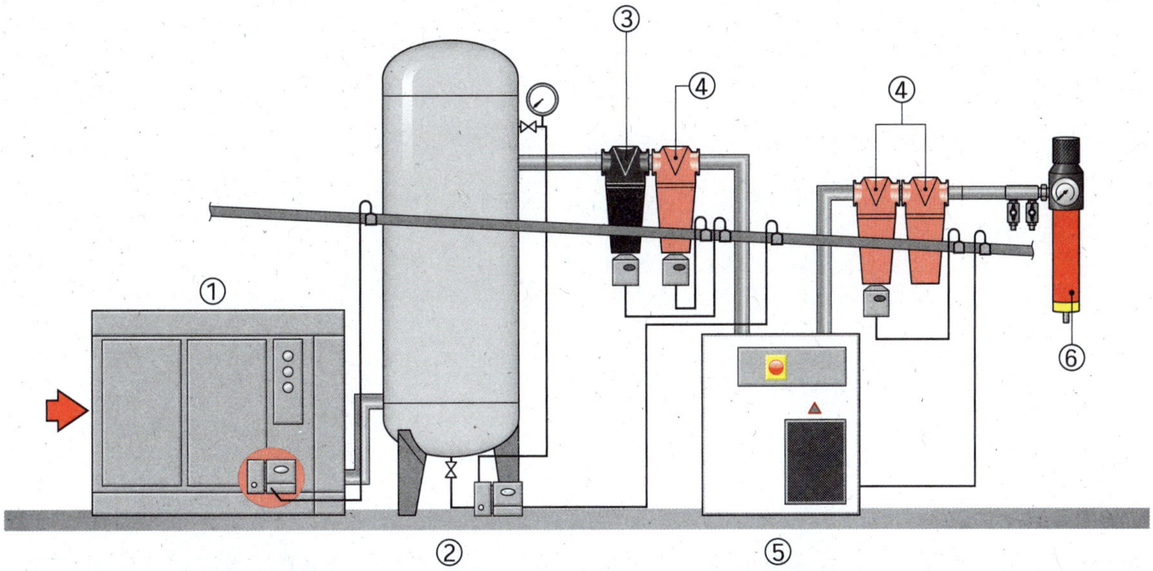

Gerätebezeichnung	Englische Bezeichnung	Beschreibung
1		
2		
3		
4		
5		
6		

BERECHNUNG DES MATERIAL- UND ENERGIEBEDARFS

Für die Lackierung sollen Sie ein Spritzgerät mit Druckluftaufbereitung verwenden.

Leistungsbeschreibung

Pos. 1 Energiekosten berechnen
Pos. 2 Körper- und Materialberechnung

Pos. 1 Energiekosten berechnen

Aufgabe 8

Ihr Arbeitgeber möchte, dass Sie die benötigten Energiekosten beim Heißspritzen berechnen. Zur Erwärmung von einem kg Lack werden 0,2 kWh gebraucht. Täglich werden fünf kg Lack erwärmt. Zusätzlich wird der Lackierraum mit zwei 60 Watt-Lampen beleuchtet, die täglich fünf Stunden angeschaltet sind. Wie hoch sind die Stromkosten im Monat, wenn eine kWh 13 Cent kostet?

Aufgabe 9

Im Rahmen einer innerbetrieblichen Schulungsmaßnahme möchte Ihr Ausbilder, dass Sie zusätzlich folgende Berechnungen zum Energiebedarf durchführen.

a) In einem Lackierraum werden fünf 60-Watt-Lampen verwendet. Diese leuchten an 18 Tagen im Monat jeweils drei Stunden. Da eine kWh 13 Cent kostet, sollen die fünf Lampen durch 40-Watt-Lampen ersetzt werden.
Welche Ersparnis entsteht dadurch für den Betrieb?

b) Ihre Lackiererei besitzt eine Spritzkabine mit den Maßen
- Länge: 7,20 m
- Breite: 4,15 m
- Höhe: 3,00 m

1. Errechnen Sie das Volumen der Spritzkabine in Liter und Kubikmeter.

2. Wie viele Kubikmeter (Abluftvolumenstrom) verlassen in einer Stunde die Spritzkabine, wenn die Luftsinkgeschwindigkeit von 0,30 m/s zu Grunde gelegt wird?

3. Um die Zulufttemperatur bei niedrigen Außentemperaturen auf ca. 22 °C erwärmen zu können (80 m^3 Luft), benötigt man die Leistung von 11 kW pro Stunde. Welcher Anschlusswert in kW ergibt sich für die gesamte Anlage?

1.

2.

3.

c) In Ihrem Lackierbetrieb fallen jährliche Stromkosten in Höhe von 12.000,00 Euro an. Unter anderem sind folgende Geräte regelmäßig im Einsatz:
- Schraubenkompressor 15 kW, 6 Stunden täglich an 245 Tagen im Jahr
- IR-Strahler 8 kW, 2 Stunden täglich an 150 Tagen im Jahr

1. Welche Stromkosten verursachen die aufgeführten Geräte, wenn eine kWh 0,21 Euro kostet?

2. Berechnen Sie den prozentualen Anteil der von den aufgeführten Geräten verursachten Stromkosten an den gesamten Stromkosten.

1.

2.

Aufgabe 10

Damit weniger Energie verbraucht wird, werden Altbestände an Glühbirnen nach und nach durch energiesparende Varianten ersetzt. Ihre Arbeitgeberin möchte, dass Sie im Internet eine ausführliche Recherche zur effektiven und energiesparenden Beleuchtung in Lackierbetrieben durchführen. Erstellen Sie hierfür ein Informationsblatt.

Pos. 2 Körper- und Materialberechnung

Aufgabe 11

Damit nicht zu viel Beschichtungsstoff für die Lackierung der Waggons bestellt wird, sollen Sie die benötigte Materialmenge berechnen.

a) Vereinfachen Sie die Berechnung, indem Sie die Rundungen unberücksichtigt lassen und leicht berechenbare Flächen und Körper annehmen.
b) Berechnen Sie die Flächen, indem Sie die Tabelle auf der nächsten Seite ausfüllen.

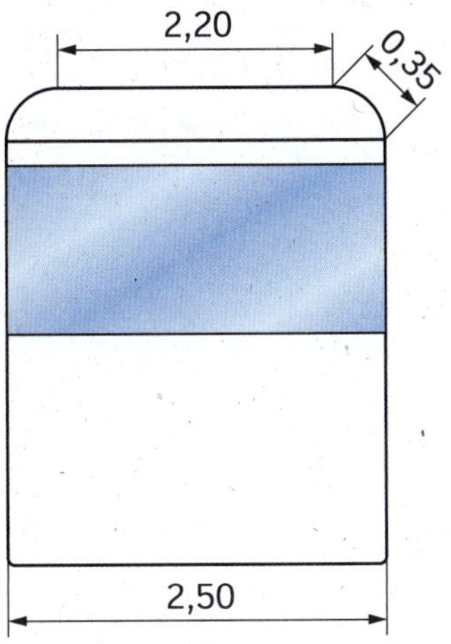

Vorderansicht

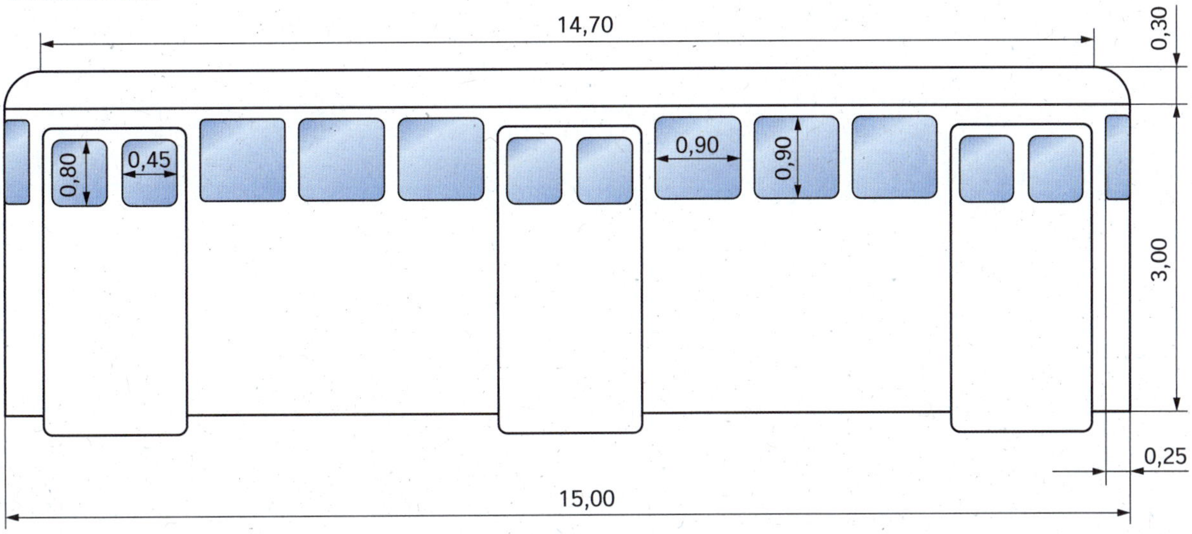

Draufsicht

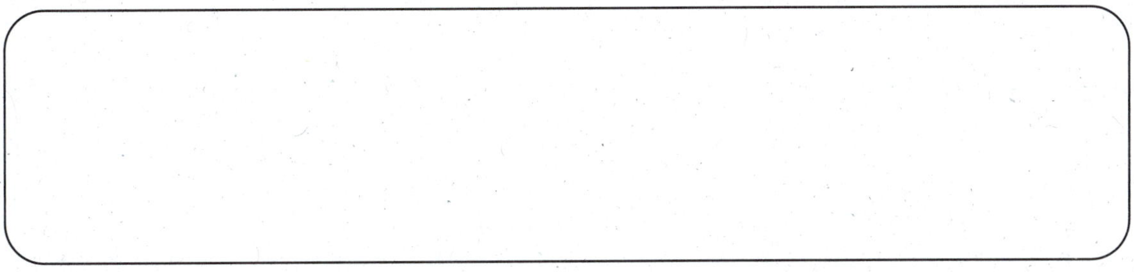

Pos.	Formel	Aufmaß	Zuzüge	Abzüge
1 Waggon ohne Fenster				
2 Fenster				
3 Dach				
Fläche gesamt				

c) Wie hoch sind die Materialkosten für die zu beschichtende Fläche, wenn ein Liter Beschichtungsstoff 47,50 € kostet und pro m^2 0,125 l verbraucht werden?

Aufgabe 12

Der Bremssandbehälter des Waggons soll zusätzlich lackiert werden.

a) Teilen Sie den abgebildeten Bremsbehälter sinnvoll in Körper und schreiben Sie die zu verwendenden Formeln auf.

b) Berechnen Sie die Oberfläche des Bremssandbehälters.

c) Berechnen Sie das Volumen des Bremssandbehälters.

a) Formeln Oberfläche:

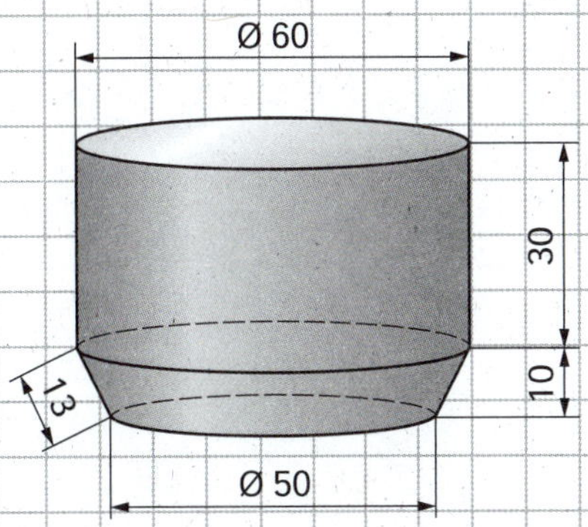

Formeln Volumen:

b)

c)

Aufgabe 13

Der Bremssand für die Waggons wird in Silos angeliefert.

a) Teilen Sie die abgebildeten Silos in einzelne Körper und schreiben Sie die zu verwendenden Formeln auf.
b) Welcher Silowagen kann mehr Bremssand transportieren?
c) Wie oft kann der Bremssandbehälter (s. o.) jeweils aus einem Silo befüllt werden?

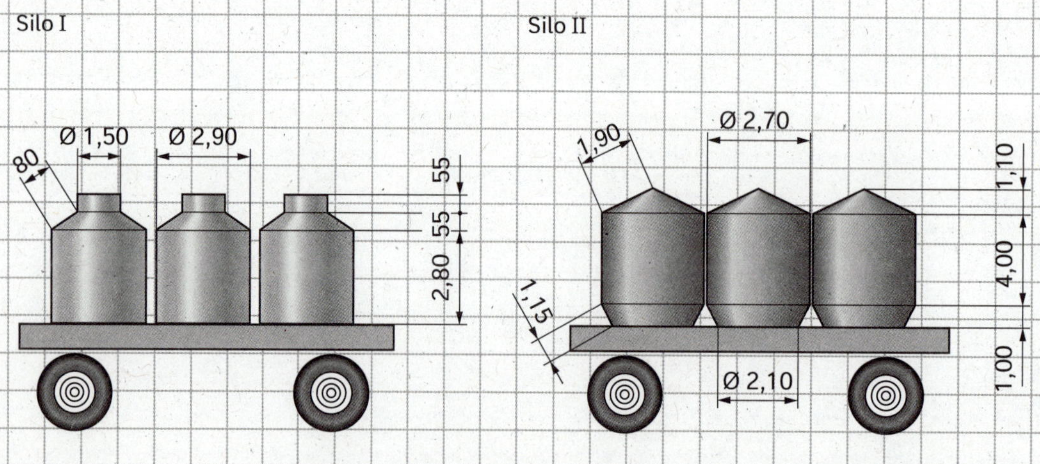

a)

Formeln Volumen:

I

II

b)

I

II

c)

I

II

Aufgabe 14

Die für den Kundenauftrag benötigte Lackfarbe wird in vier Fässern angeliefert. Während des Transports sind die Fässer stark verschmutzt worden.

a) Teilen Sie die abgebildeten Fässer in einzelne Körper und schreiben Sie die zu verwendenden Formeln auf.
b) Berechnen Sie die zu reinigende Oberfläche der Fässer.
c) Während des Reinigungsvorgangs ist der Aufkleber über die Materialmenge unleserlich geworden. Welchen Inhalt haben die Fässer, wenn diese zu 95 % gefüllt sind?

je zwei Fässer:

Fasstyp I

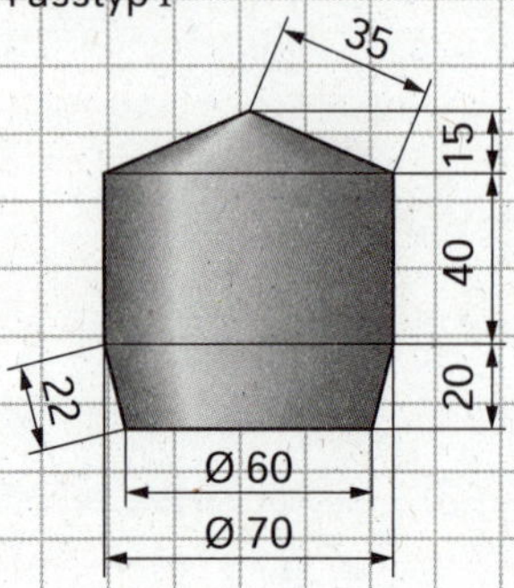

Fasstyp II

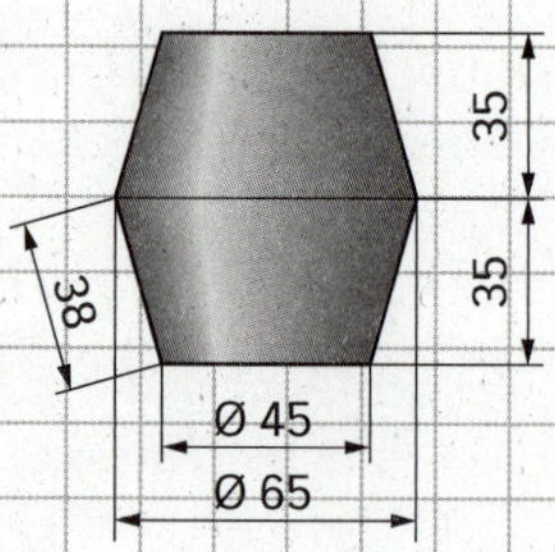

a)

Formeln Oberfläche:

I

II

Formeln Volumen:

I

II

b)

I

II

c)

I

II

Aufgabe 15

Vor der Lackierung des Fahrzeuges werden alle drei Wochen die Bodenfiltermatten gewechselt. Die Fläche der Bodenfilter in der Lackierkabine beträgt 2,50 m x 2,80 m.
Bei der Abnahme einer Rolle Bodenfilter (Länge 84,00 m und 1,00 m Breite) beträgt der Preis pro m^2 2,70 Euro. Bei der Abnahme von mehr als drei Rollen beträgt der Preis pro m^2 2,10 Euro. Ihr Betrieb kauft zurzeit jeweils eine Rolle nach Bedarf.

a) Wie viele Wochen reicht eine Rolle Bodenfilter und wie viele Rollen werden pro Jahr (52 Wochen) benötigt?
b) Wie viel Euro sparen Sie ein, wenn Sie den Filterbedarf für drei Jahre kaufen?

a)

b)

Aufgabe 16

Für den Auftrag setzen Sie einen IR-Strahler ein. Folgende Zeiten und Daten wurden erfasst:

Preis Infrarot-Strahler (7 kWh):	3 990,00 €
AFA:	5 Jahre
Nutzungszeit:	300 Std./Jahr
Strompreis:	27,50 Cent/Stunde
Einsatzzeit bei der Reparatur:	3 Stunden

Berechnen Sie die Kosten für den Einsatz des IR-Strahlers bei diesem Auftrag.

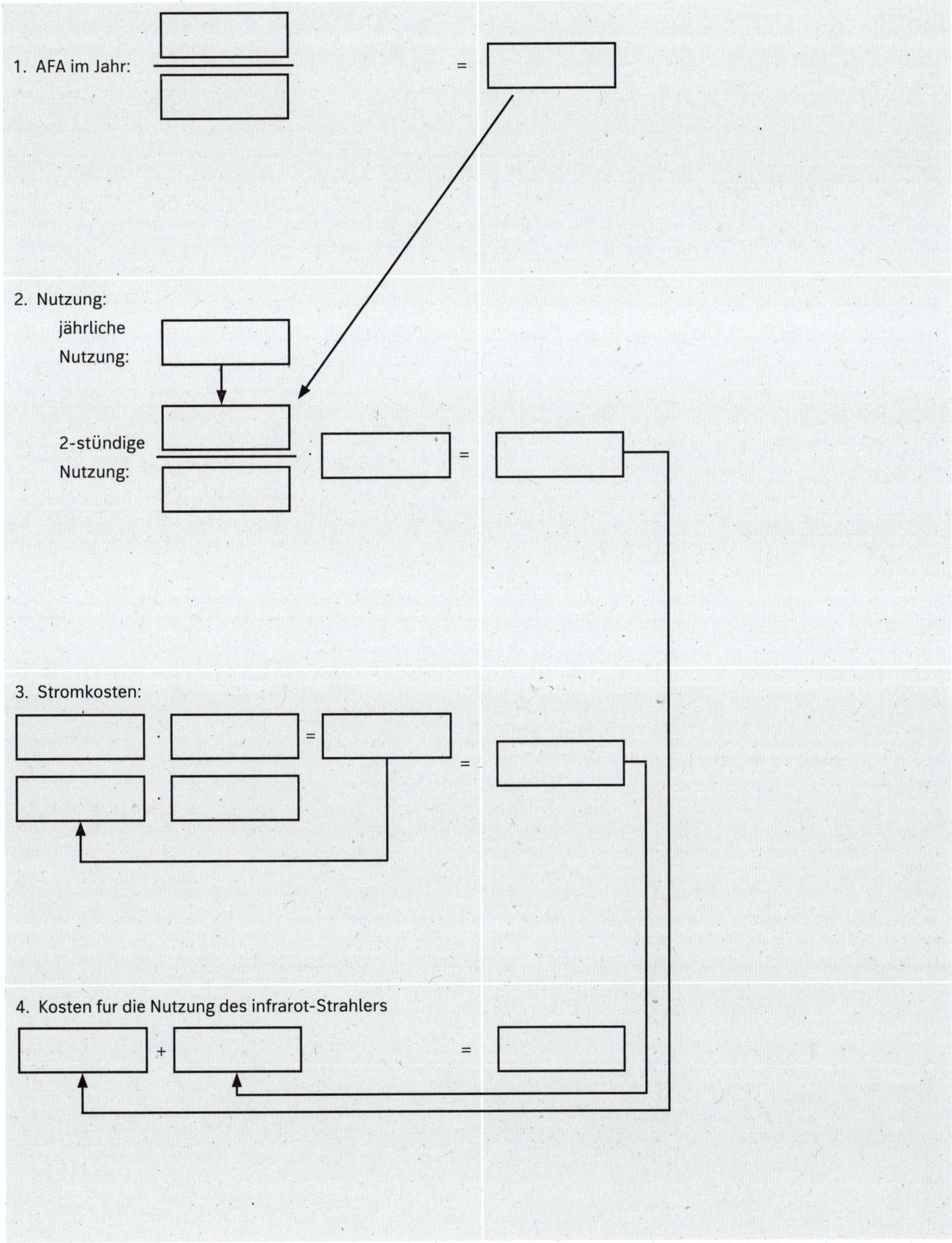

Aufgabe 17

Mit der Berufsschule haben Sie das Werk eines Automobilherstellers besucht und hierbei auch die Lackieranlage mit Serienlackierung besichtigt. Berichten Sie Ihrem Ausbilder über die einzelnen Schritte einer Serienlackierung. Nummerieren Sie dafür die einzelnen Schritte der Serienlackierung und beschreiben Sie jeden Schritt in maximal zwei Sätzen.

Nr.	Schrittbezeichnung	Enthaltene Arbeitsschritte
	Nahtabdichtung	
	Phosphatierung	
	Dämmmatten einlegen	
	Kathodische Tauchlackierung	
	Reinigen der Rohkarosserie	
	Unterbodenschutz	
	Füller und Zwischentrocknung	
	Hohlraumkonservierung	
	Klarlack	
	Reinigung	
	Basislack und Zwischentrocknung	

KUNDENAUFTRAG

In Ihrer Stadt eröffnet ein neues Wellness- und Spaßbad. Der Inhaber möchte sich von den Mitbewerbern in der Region visuell abheben und beauftragt Ihre Firma, das Schild über dem Eingang des Bades und den Firmenwagen zu gestalten. Durch ein individuelles Design mit hohem Wiedererkennungswert erhofft sich der Inhaber ein großes Besucherinteresse. Die Gestaltung des Pkw soll auf der Motorhaube und den Seiten erfolgen.

Objektbeschreibung

- Bei dem Firmenwagen des Inhabers handelt es sich um einen schwarzen Seat Ibiza ST.
- Das Schild über dem Eingang des Schwimmbades ist 100 cm hoch und 300 cm breit.
- Es handelt sich um ein Schild aus Acrylglas.
- Der Name des Bades ist „Therme Merlin".
- Der Slogan des Bades lautet: „Wir zaubern Ihnen Erholung und gute Laune."

Auszuführende Arbeiten

- Designentwürfe erstellen
- Erstellen eines Arbeitsablaufplans
- Lohn- und Kostenberechnung

DESIGNENTWÜRFE ERSTELLEN

Der Kunde wünscht sich mehrere Entwürfe, aus denen er auswählen kann. Die Gestaltung des Schildes soll auf die des Fahrzeugs abgestimmt werden, um die Verbindung zum Betrieb herzustellen.

Leistungsbeschreibung

Pos. 1 Designmöglichkeiten abwägen
Pos. 2 Auswahl des Applikationsgerätes
Pos. 3 Wahl eines Effektlackes
Pos. 4 Probestücke erstellen

Pos. 1 Designmöglichkeiten abwägen

Aufgabe 1

Sie überlegen zunächst, welcher Farbton im Straßenverkehr über den größten Aufmerksamkeits- und Erinnerungswert verfügt. Entscheiden Sie begründet, ob dieser Farbton im Fall des Schwimmbades geeignet wäre.

Farbton:

Begründung:

Aufgabe 2

Sie sind sich sicher: Wenn es eine auffällige Lackierung werden soll, würde sich eine aufwendige Lackgestaltungstechnik anbieten. Das empfiehlt sich insbesondere, da sich der Pkw in der Gestaltung von der Konkurrenz abgrenzen und im Straßenverkehr besonders auffallen soll.

Ordnen Sie die folgenden Begriffe den 3 Gestaltungstechniken tabellarisch zu.

Abblasepistole	blasenfrei	entgittern
Faltenstruktur	hohe Nassschichtdicke	justieren
knüllen	Konturenschärfe	Maskierfolie
Plotter	Schatten	spitzer Winkel
Transferfolie,	Tropfen	unterschiedliche Seiten
verdunsten	vollentsalzt	Zwischenschliff

Wassertropfentechnik	Folientechnik	Schablonentechnik

Aufgabe 3

Wie würden Sie entscheiden?

Entscheiden Sie sich für eine Lackgestaltungstechnik, die Sie dem Kunden in Ihrem Entwurf vorstellen wollen. Beschreiben Sie diese Technik mithilfe der Stichpunkte in eigenen Worten.

Aufgabe 4

Bringen Sie die gezeigten Arbeitsschritte der Regentropfen-Effektlackierung in die richtige Reihenfolge und beschreiben Sie sie kurz.

Reihenfolge	Bild	Erklärung des Arbeitsschrittes

	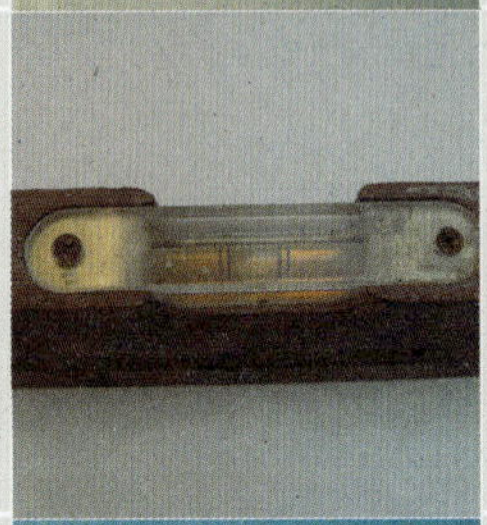	

	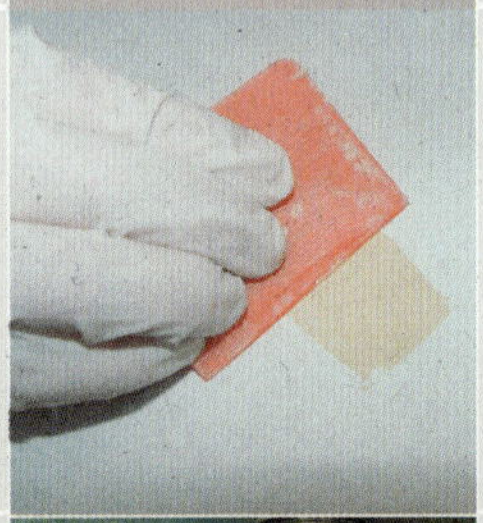	

Aufgabe 5

Sie müssen die Farbtöne entsprechend der gewünschten Wirkung wählen, die sie erzielen sollen. Blau ist für ein Schwimmbad passend, doch könnte die Gestaltung interessanter wirken, wenn andere Farbtöne mit eingebracht werden. Legen Sie einen Farbplan an und gestalten Sie die Felder so, dass die geplante Wirkung der Technik offensichtlich wird.

Farbplan 1

1. Farbton	2. Farbton	3. Farbton	4. Farbton

Lackgestaltungstechnik

Farbplan 2

1. Farbton	2. Farbton	3. Farbton	4. Farbton

Lackgestaltungstechnik

Aufgabe 6

Um später beurteilen zu können, ob Ihre Farbwahl und die Gestaltung gelungen sind und bei der gewünschten Technik zur Geltung kommen, stellen Sie zwei Probeplatten her. Jede Platte ist 1,05 m x 2,45 m groß. Sie wollen die Platten grundieren.

a) Für die Grundierung wird eine Materialmenge von 195 ml/m² angesetzt. Wie viel Grundierung wird benötigt?

b) Die Grundierung wird in einem Verhältnis von 5 Teilen Stammlack zu einem Teil Härter gemischt. Dazu kommen 20 % Verdünnung. Wie viel Härter und Stammlack werden benötigt und wie viel Verdünnung wird hinzugefügt?

Pos. 2 Auswahl des Applikationsgerätes

Aufgabe 7

Um dem Kunden Ihre Entwürfe anschaulich präsentieren zu können, möchten Sie gerne einige Musterplatten erstellen, um ihn damit zu überzeugen. Sie entscheiden sich für Platten in den Maßen 20 cm x 20 cm. Begründen Sie, welches Applikationsgerät Sie für diese Flächen zur Durchführung der von Ihnen gewählten Lackgestaltungstechnik nutzen würden.

Aufgabe 8

Sie haben den Entschluss gefasst, Ihre Musterplatten noch mit der Airbrush-Technik zu veredeln. Hiermit wollen Sie den Kunden von Ihrer Kreativität und Ihrem handwerklichen Können überzeugen. Sie erkundigen sich bei Ihrem Chef, ob Airbrushpistolen in der Firma vorhanden sind. Er verweist Sie auf eine Holzkiste im Lagerraum. Darin befinden sich tatsächlich zwei bereits in Vergessenheit geratene Airbrushpistolen. Auf der einen Pistole steht „Einfache Hebelfunktion" und auf der anderen „Doppelte Hebelfunktion". Sie entscheiden sich für die Pistole mit doppelter Hebelfunktion. Erklären Sie anhand des Schaubildes die beiden Hebelfunktionen einer solchen Pistole.

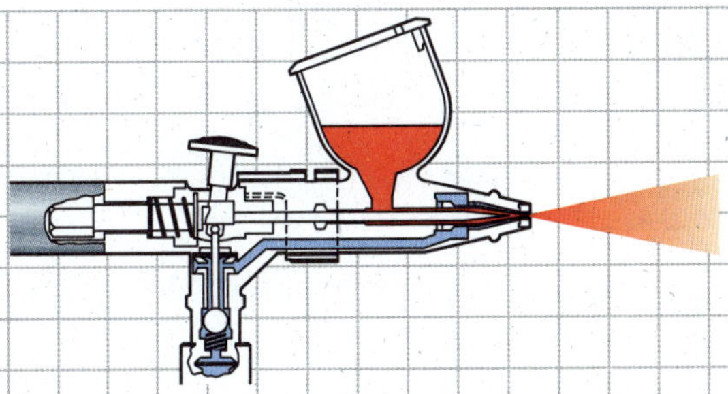

Aufgabe 9

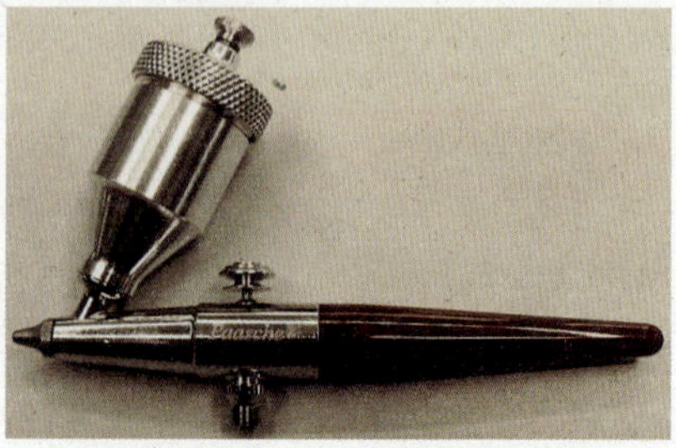

Zusätzlich zu den Airbrushpistolen fanden Sie im Lager eine Box mit der Aufschrift „Air-Eraser".

Von der Form her ähnelt sie den Airbrushpistolen, doch der Name macht Sie stutzig. Sie beschließen, sich im Internet über diese Pistole näher zu informieren.

Aufgabe 10

Die Airbrushpistole ist verschmutzt. Sie zerlegen die Pistole, um sie zu reinigen.

Benennen Sie die Teile der Airbrushpistole und bringen Sie diese zur Demontage in die richtige Reihenfolge.

Teil	Bezeichnung	Nummer

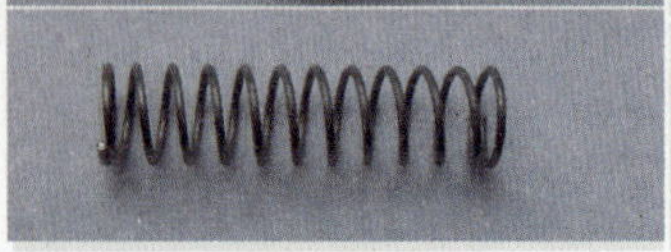		

Aufgabe 11

Experiment
Um ein gutes Ergebnis zu erzielen, ist Übung im Umgang mit der Airbrushpistole nötig.

a) Punkte
Setzen Sie mit der Airbrushpistole einzelne Punkte. Versuchen Sie, dabei unterschiedliche Abstände einzuhalten. Variieren Sie so Größe und Schärfe des entstehenden Punktes. Arbeiten Sie auf stärkerem Papier und kleben Sie es ein.

b) Linien
Drücken Sie den Hebel der Airbrushpistole nach unten, um die Luft strömen zu lassen. Ziehen Sie nun den Bedienhebel zurück, um die Materialmenge zu regulieren und bewegen Sie dabei die Pistole in Linien über das Blatt. Schieben Sie dabei den Bedienhebel wieder nach vorn, bis kein Material mehr kommt. Versuchen Sie, dabei die Luftmenge beizubehalten. Variieren Sie beim Üben das Tempo und die Materialmenge. Arbeiten Sie auf stärkerem Papier und kleben Sie es ein.

c) Bergpanorama

Reißen Sie sich aus Karton eine Schablone für eine Bergsilhouette. Setzen Sie in den Blatthintergrund einen Farbverlauf. Bringen Sie darauf eine Berglandschaft auf. Halten Sie dabei die Schablone bei den Bergen im Hintergrund weiter vom Untergrund entfernt. Arbeiten Sie mit der Airbrushpistole bei den Bergen von der oberen Seite des Blattes nach unten. Bei den Bergen im Vordergrund legen sie die Schablone auf das Blatt, um eine möglichst scharfe Kante zu erhalten. Bringen Sie im Anschluss einen Mond im Bereich des Himmels auf. Arbeiten Sie auf stärkerem Papier und kleben Sie es ein.

Pos. 3 Wahl eines Effektlackes

Aufgabe 12

In einer Fachzeitschrift entdecken Sie einen Artikel über Effektlackierungen. Da dieser viele englische Begriffe enthält, möchten Sie diese übersetzen, um die Zusammenhänge besser zu verstehen. Nutzen Sie das Internet, um die Übersetzung herauszufinden.

Englisch	Deutsch
airbrush	
high volume, low pressure	
custom painting	
pinstriping	
real flames, true fire	
marblizer	
candy	
apple red	
leafing	
sparkle	
pearl	
double action	
eraser	

Aufgabe 13

Erläutern Sie Ihrem Mitauszubildenden den Begriff Marblizer.

Aufgabe 14

Effektlacke erzielen ihre Effekte über Pigmente. Dabei ist die Deckkraft der Pigmente entscheidend.
Lösen Sie das Kreuzworträtsel, indem Sie die Sätze vervollständigen (ä, ö, ü und ß werden nicht verändert).

Pigmente sind in Bindemittel ____________[1]. Sie können in ____________________[2] und ____________________[3] Pigmente unterteilt werden – und diese wiederum in ____________[4] und ____________________[5] hergestellte.

Organische, synthetische Pigmente unterscheiden sich von den anorganischen Pigmenten vor allem durch ihre ____________________[6] und die ____________________[7] Farbtöne.

Die ________________[8] der Pigmente hängt vor allem von deren Fähigkeit ab, Licht zu streuen. Das Streuvermögen der Pigmente hängt vom ______________________________[9] und der ______________________________[10] des Pigmentes ab.

Ein hoher Brechungsindex führt zu hoher ____________________[11] und damit zu einer guten Deckkraft.
Je ____________[12] die Teilchen sind, desto besser ist die Deckkraft.

Pigmente unter einer Größe von 0,2 µm wirken ____________________[13].

Aufgabe 15

Sie wissen, dass es die Pigmente sind, denen die Effektlacke ihre Wirkung verdanken. Nennen Sie vier Arten von Effektpigmenten, die einen Beschichtungsstoff zu einem Effektlack machen.

Aufgabe 16

Ein Freund von Ihnen hat gemutmaßt, dass ein Flip-Flop-Lack so funktioniert, dass man ein Auto von der einen Seite mit einer Farbe annebelt und von der anderen Seite mit einer anderen. Sie erklären ihm, wie diese Lacke wirklich funktionieren.

Aufgabe 17

Flip-Flop-Lacke sind gelegentlich auch serienmäßig auf Fahrzeugen zu finden. Skizzieren Sie den Querschnitt eines Flip-Flop-Pigmentes. Zeichnen Sie dabei die Lichtbrechung mit ein.

Aufgabe 18

In einer Tuningzeitschrift sind Sie auf Fahrzeuge mit einer Candylackierung gestoßen.
Informieren Sie sich im Internet, worin der Unterschied zwischen diesem Effekt und einer Perlmutteffekt-Lackierung liegt.

Aufgabe 19

Ein Kunde wünscht eine Effektlackierung mit Metall-Flakes. Welche Parameter müssen Sie bei der Verarbeitung beachten?

Aufgabe 20

Sie informieren sich über die unterschiedlichen Effekt- und Designlackierungen, um Ihr Fachwissen weiterzuentwickeln. Schließlich sollen dem Kunden vielseitige Entwürfe angeboten werden. Am Ende Ihrer Recherche setzen Sie sich mit dem sogenannten Pinstriping auseinander.

a) Skizzieren Sie den Pinsel, mit dem man eine solche Technik ausführt.

b) Beschreiben Sie die Funktionsweise des Pinsels.

Aufgabe 21

Erklären Sie folgende Sonderlacke:

Soft-Touch-Lack:

Gleitlack:

Laserlack:

Aufgabe 22

Wie würden Sie entscheiden?
Ihr Meister bemerkt erfreut, wie Sie sich aus persönlichem Interesse mit kreativen Lacktechniken und Effektlackierungen auseinandersetzen. Er bittet Sie, einen Entwurf für ein Pinstripe-Motiv für die Motorhaube seines Privat-Pkw zu erstellen. Da das Motiv zentral gesetzt wird, soll es vertikal gespiegelt (symmetrisch) sein. Informieren Sie sich im Internet über gängige Pinstripe-Motive und erstellen Sie einen eigenen Entwurf.

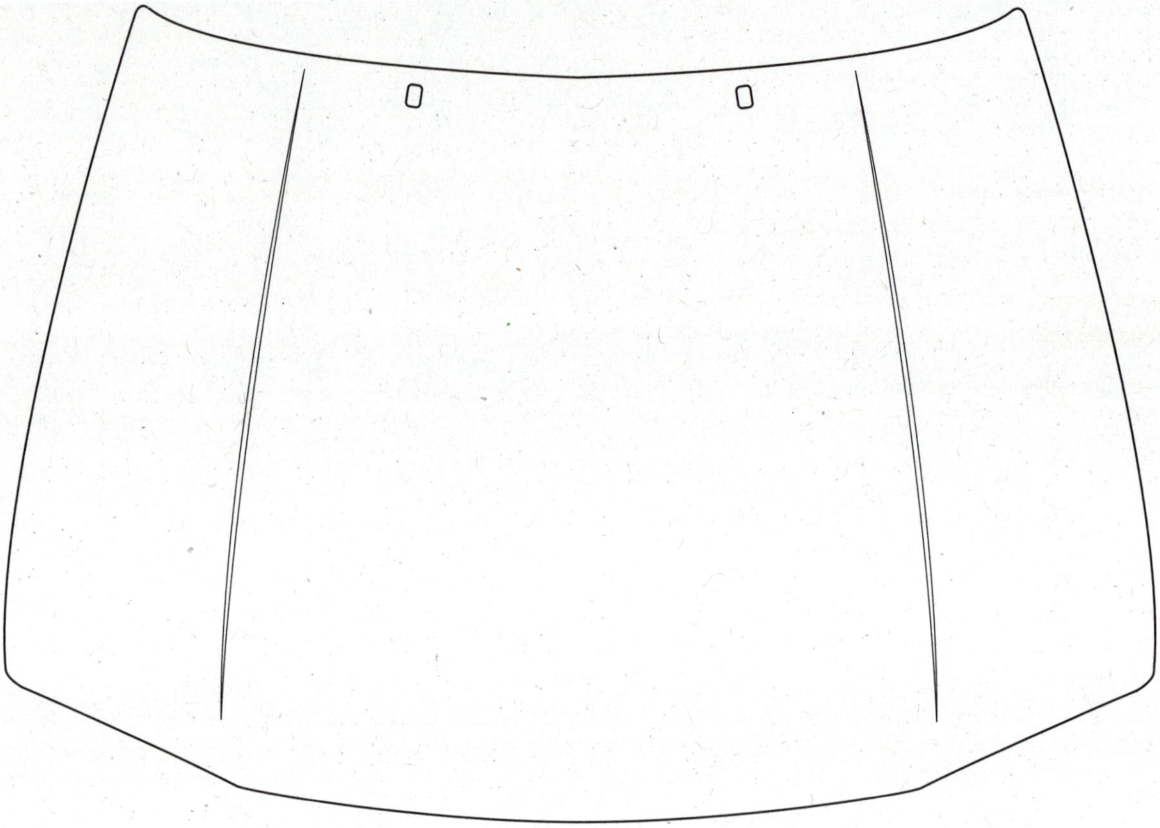

Aufgabe 23

Wie würden Sie entscheiden?
Erklären Sie Ihrem Chef, warum Sie sich für diese Gestaltung entschieden haben.

Pos. 4 Probestücke erstellen

Aufgabe 24

Nachdem Sie die Vorarbeiten erledigt haben, entscheiden Sie sich für eine Lackgestaltungstechnik und einen Effektlack, die Sie auf Schild und Fahrzeug einsetzen wollen. Verwenden Sie die im Kundenauftrag dargestellten Schriftarten, das Logo sowie die Abbildung des Fischs. Bedenken Sie, dass sich Schild und Fahrzeug in der Gestaltung ähneln sollen.

a) Schild (Kopiervorlage)

b) Motorhaube (Kopiervorlage)

c) Fahrzeugseite (Kopiervorlage)

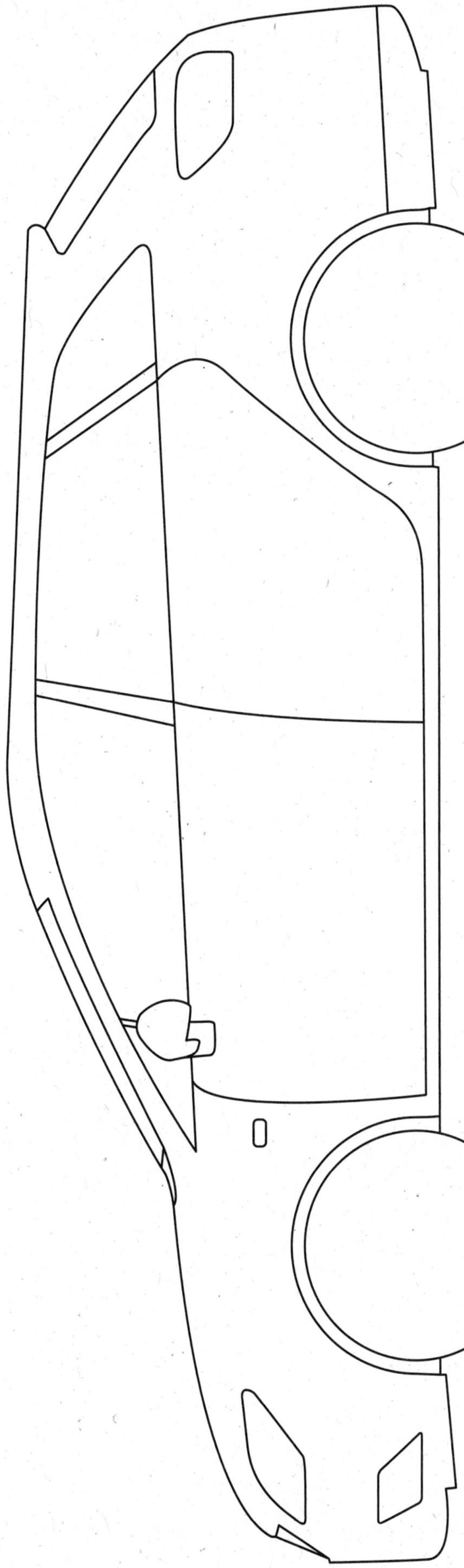

Aufgabe 25

Ihre Probeplatten hatten Sie in Aufgabe 6 bereits grundiert. Um dem Kunden Ihre Entwürfe möglichst realistisch nahezubringen, versehen Sie diese mit dem gewünschten Design. Berechnen Sie die Kosten für die weitere Lackierung.

a) Der Basislack wird mit 130 ml/m² angegeben. Wie viel Material wird benötigt?

b) Die erste Lackierung wird in einem Verhältnis von 8 Teilen Basislack zu 1 Teil Additiv gemischt.
Dazu kommen 10 % Verdünnung.
Wie viel Additiv, Basislack und Verdünnung wird jeweils benötigt?

Experiment

c) Bevor Sie den kostspieligen Effektlack auf Ihrer Probeplatte verarbeiten wollen, beschließen Sie, die Deckkraft des Lacks zu überprüfen. Dadurch wird Ihnen die eigentliche Wirkung des Lacks auch klarer. Um sich davon ein Bild machen zu können, kopieren Sie die Kontrastflächen und beschichten diese mit dem von Ihnen gewählten Effektlack. Kopieren Sie die Vorlage auf Papier mit einem Flächengewicht von mehr als 100 g/m² und kleben Sie das Ergebnis ein.

Kopiervorlage

d) Die Probeplatten sollen in drei Spritzgängen mit Klarlack beschichtet werden. Als Materialbedarf werden 125 ml/m^2 angegeben. 1 l Klarlack mit hohem Festkörperanteil kostet 17,87 € netto. Wie viel Klarlack wird benötigt und wie hoch sind die Bruttokosten?

Aufgabe 26

Erklären Sie Ihrem Meister, warum Sie drei Gänge Klarlack für ihre Lackgestaltungstechnik einkalkulieren.

Aufgabe 27

Wie würden Sie entscheiden?
Bereiten Sie sich mit den gelernten Begriffen auf ein mögliches Gespräch mit dem Kunden vor. Hierbei sollen Sie ihm einen von Ihnen gewählten Entwurf erläutern und erklären, warum Sie diesen für die Gestaltung gewählt haben. Führen Sie das Gespräch mit ihrem Sitznachbarn. Losen Sie dabei aus, wer von Ihnen der Meister und wer der Kunde ist. Bereiten Sie sich beide auf Ihre Rolle vor.

Aufgabe 28

Testen Sie Ihr Wissen und finden Sie im Rätsel 14 Fachbegriffe zum Thema Design- und Effektlackierung. Die Begriffe können vertikal und horizontal sowie jeweils vorwärts und rückwärts geschrieben sein.

A	S	U	F	O	A	F	W	R	I	A	R	C	P	S	P	M	H	S	H
P	M	K	U	R	I	C	U	F	H	M	P	A	A	H	L	E	I	T	P
W	A	S	S	E	R	T	R	O	P	F	E	N	T	E	C	H	N	I	K
H	R	R	S	L	B	D	Z	L	L	Y	L	D	S	E	S	R	Z	G	R
Z	B	L	S	I	R	E	E	I	I	K	H	Y	T	I	N	F	I	N	G
B	L	G	R	E	U	S	L	E	N	T	F	L	R	I	E	A	C	L	S
L	I	E	R	F	S	I	H	N	W	C	S	A	I	R	B	R	U	S	H
H	Z	A	U	T	H	G	O	T	F	R	U	C	C	Z	A	B	S	H	H
L	E	T	T	E	P	N	L	E	R	P	E	K	A	Z	D	E	R	E	I
B	R	N	P	C	I	P	Z	C	R	I	Z	R	S	E	H	N	I	S	L
U	G	U	T	H	S	I	O	H	E	H	O	F	Z	E	K	L	H	R	E
O	W	K	A	N	T	S	P	N	T	W	L	A	E	M	P	A	N	T	I
L	T	M	E	I	O	T	T	I	I	S	B	W	T	E	B	C	F	P	N
C	U	C	W	K	L	O	I	K	S	U	E	L	S	E	I	K	L	A	E
P	C	A	K	I	E	L	K	P	I	N	S	T	R	I	P	I	N	G	T
E	P	S	C	H	W	E	R	T	S	C	H	L	E	P	P	E	R	E	W
I	W	A	S	S	E	R	T	R	A	N	S	F	E	R	D	R	U	C	K
N	R	C	S	L	N	R	Z	E	R	N	R	A	T	C	R	U	R	T	N
A	A	C	N	C	U	S	T	O	M	P	A	I	N	T	I	N	G	T	O
L	B	P	E	E	S	N	C	C	E	B	O	E	S	E	F	G	C	N	B

ERSTELLEN EINES ARBEITSABLAUFPLANS

Aufgabe 29

Nachdem Sie dem Kunden Ihren Entwurf präsentiert haben und dieser ihn angenommen hat, sollen Sie einen Arbeitsablaufplan für die Arbeiten am Schild erstellen. Schätzen Sie dabei die benötigte Zeit ein.

Arbeitsschritt					Werkzeug, Material	Zeit in min
Nr.	Vorbereitung	Lackierung	Finish	Bezeichnung		

Arbeitsschritt					Werkzeug, Material	Zeit in min
Nr.	Vorbe-reitung	Lackie-rung	Finish	Bezeichnung		

LOHN- UND KOSTENBERECHNUNG

Nachdem die Arbeitsschritte geplant sind, wünscht der Kunde über die auf ihn zukommenden Kosten informiert zu werden.

Leistungsbeschreibung

Pos. 1 Grafische Darstellung der Materialmengen
Pos. 2 Berechnung des Kostenvoranschlags

Pos. 1 Grafische Darstellung der Materialmengen

Aufgabe 30

Der Kunde wünscht, die angesetzten Materialmengen grafisch dargestellt zu bekommen.

a) Berechnen Sie die prozentualen Anteile der errechneten Materialien aus Aufgabe 6 (Grundierung), 25 a) (Basislack) und 25 d) (Klarlack).

b) Stellen Sie dem Kunden die prozentualen Anteile von Grundierung, Basislack und Klarlack in Form eines Kreisdiagramms dar.

Pos. 2 Berechnung des Kostenvoranschlags

Aufgabe 31

Der Kunde hat bei einer anderen Firma einen Kostenvoranschlag eingeholt. Dieser beläuft sich auf eine Summe von 1878,54 € Berechnen Sie Ihren Kostenvoranschlag, damit der Kunde diese miteinander vergleichen kann.

a) Berechnen Sie Ihren Kostenvoranschlag.
   Der Zeitaufwand beläuft sich auf 23 Stunden bei einem Stundenlohn von 11,56 € und einem Lohnmultiplikator von 4.
   Der Einstandspreis beträgt 278,67 € bei einem Werkstoffmalnehmer von 1,6.

b) Wie viel Prozent kann der Kunde bei Ihrem Angebot einsparen?

Aufgabe 32

Da Sie den Kunden geworben haben, belohnt Sie Ihr Chef mit einer neuen Lackierpistole. Weil Sie sich mit Sonderlackierungen auseinander gesetzt und dafür ein privates Interesse entwickelt haben, wollen Sie Ihre Pistole gestalten. Überlegen Sie sich ein passendes Design für Ihre Pistole. Wählen Sie dazu Motive aus Ihrem persönlichen Lebensbereich.

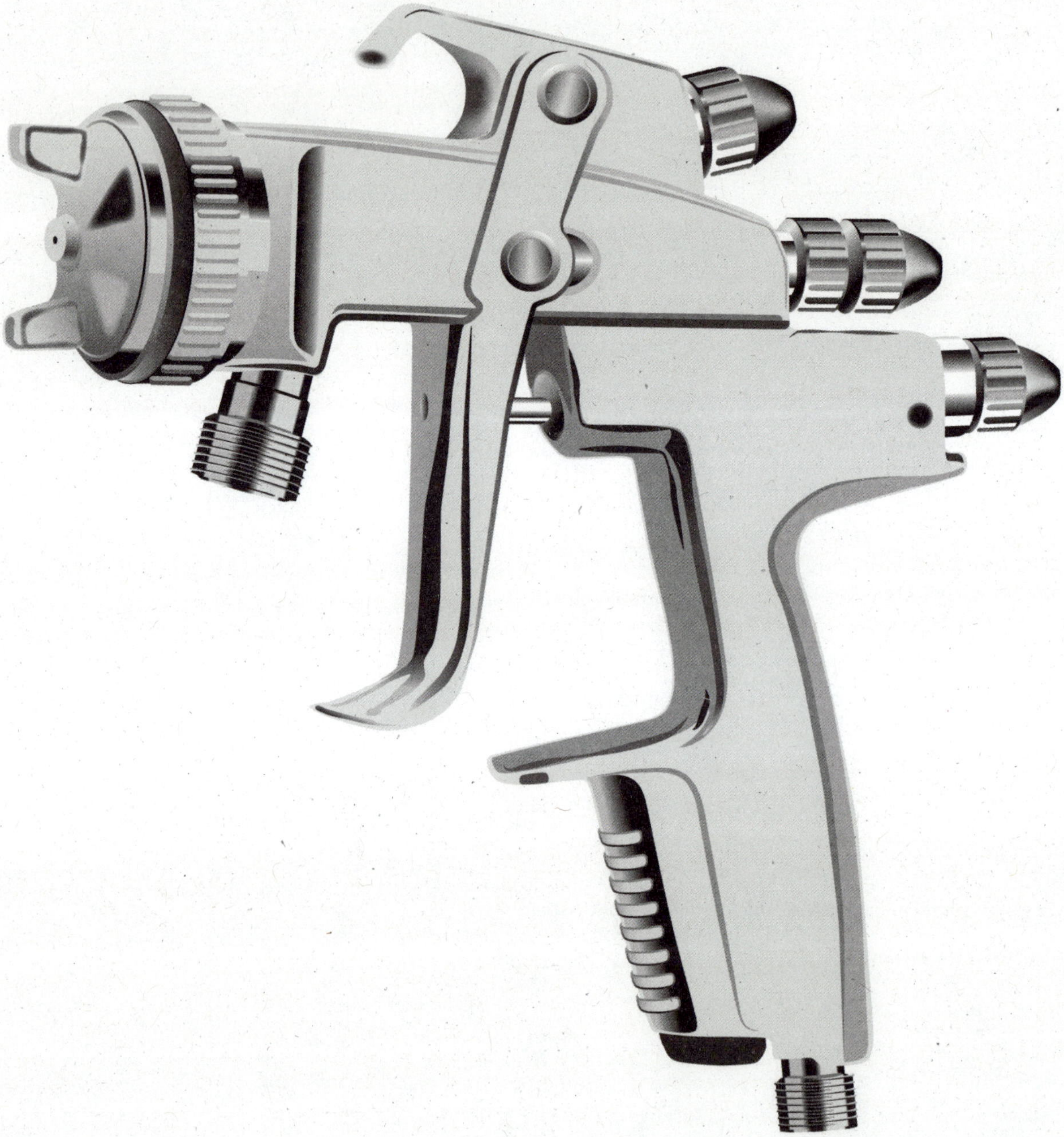

KUNDENAUFTRAG

Ein Autohaus erhält einen Leasingrückläufer. Hierbei handelt es sich um einen Toyota RAV4, Baujahr 2009. Ihre Firma erhält den Auftrag, das Fahrzeug aufzubereiten. Die Wiederaufbereitungsarbeiten sollen sowohl das Exterieur als auch das Interieur umfassen.

Objektbeschreibung

Fahrzeug: Toyota RAV4

Farbton: schwarz, 2-Schicht-Lackierung

Schäden:
- Kotflügelverbreiterung mit Streifschaden
- Kotflügel links mit kleiner Delle, kleiner tiefer Lackkratzer vorhanden
- Lackierung des Fahrzeuges mit leichten Waschstraßenkratzern
- Leichtmetallfelge hinten rechts mit Bordsteinschrammen
- Spiegelschale leicht verkratzt

Interieur:
- Innenraum mit verschiedenen Verschmutzungen und Gebrauchsspuren
- Kleines Loch im Armaturenbrett, verursacht durch eine ehemals verschraubte Handyhalterung

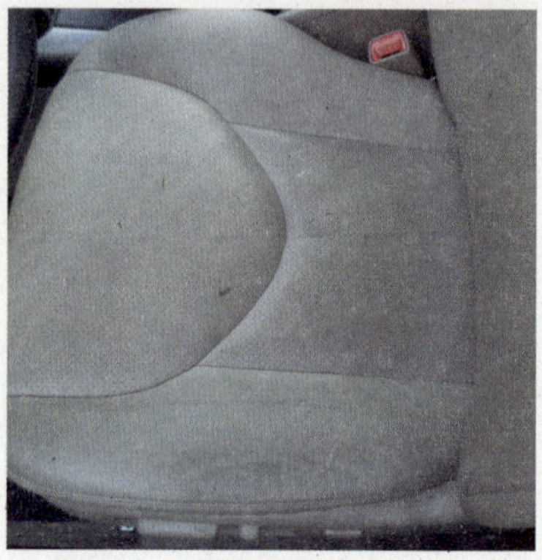

Auszuführende Arbeiten

- Kalkulation der Instandsetzung
- Beseitigung des Streifschadens
- Dellen an Kotflügel egalisieren und Kratzer der Kotflügeldelle reparieren
- Außenreinigung des Fahrzeuges
- Lackierung aufpolieren und versiegeln
- Spiegelschale reparieren
- beschädigte Felge instand setzen
- Innenraum reinigen und Gebrauchsspuren aufbereiten
- Befestigungsspuren der Handyhalterung beseitigen

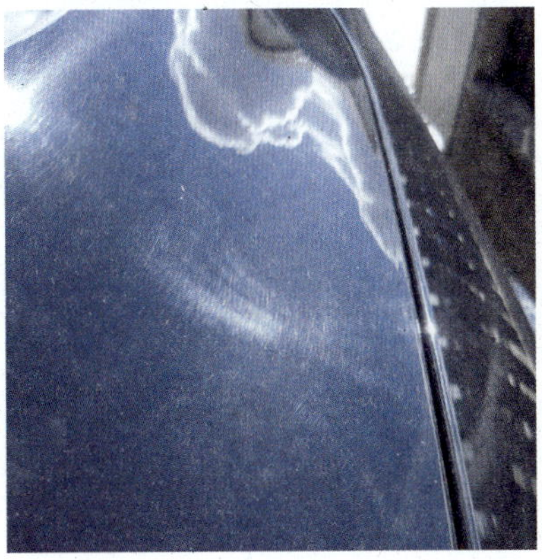
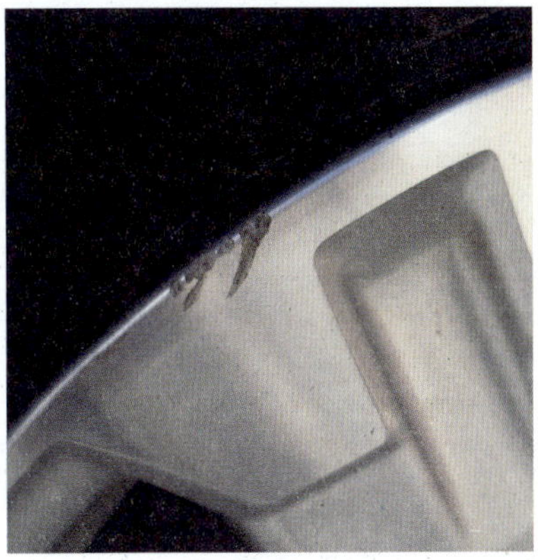

KALKULATION DER INSTANDSETZUNG

Für die Instandsetzung des RAV4 ist eine Reparaturkostenermittlung durchzuführen.

Aufgabe 1

Erstellen Sie eine Kalkulation unter Benutzung der Tabelle „Lackierkostenermittlung".

Berechnen Sie:
a) die Lackierkosten
b) die gesamten Kosten inklusive gesetzlicher Mehrwertsteuer

Fahrzeugdaten: Pkw – Toyota RAV4
Lackierung: 2-Schicht

Instandsetzungs- und Lackierpositionen:
1. Kotflügel vorn links, Ausbeulen und Kratzer durch Spotrepair in den Bereichen D-E reparieren, Spachtelauftrag unter 50 %
2. Kotflügelverbreiterung vorne links, Spotrepair, Spachtelauftrag unter 50 %
3. Außenspiegel links lackieren, Spachtelauftrag unter 50 %

Vorbereitungspositionen:

1. Vorbereitung der Lackierung Hauptarbeit	1,8 Std.	27,80 €
2. Vorbereitung der Lackierung Verbundarbeit	0,7 Std.	10,60 €
3. Lack anmischen	0,2 Std.	–
4. Farbmuster anfertigen	0,2 Std.	2,50 €

Gegebene Daten:
Stundenverrechnungssatz (Lackierung) = 76,00 €
Werkstoffmalnehmer = 1,9

Heck	Bereich	Lackstufe I		Lackstufe II		Lackstufe III		Lackstufe IV	
		Std.	€	Std.	€	Std.	€	Std.	€
Seitenwand hinten komplett	K	**17,5**	285,48	**2,3**	159,43	**6,5**	164,01	**9,5**	233,15
Seitenwand hinten F	F			**2,1**	132,60	**1,6**	136,20	**2,4**	161,90
Seitenwand hinten B-E	B-E	–	–	**2,0**	128,35	**1,4**	159,30	**2,0**	172,25
Kotflügel hinten	K	**2,5**	58,90	**0,8**	37,15	**2,7**	46,45	**2,5**	52,00
Kotflügel vorne	K	**2,0**	42,20	**0,7**	26,75	**1,7**	39,78	**2,3**	45,34
Kotflügel vorne	B-D	**1,7**	32,90	**0,7**	24,25	**2,3**	50,50	**2,5**	53,40
Kotflügel vorne	D-E	**1,1**	28,28	**0,5**	15,46	**1,7**	24,38	**1,9**	35,33

Stoßfänger	Bereich	K1R		K1N		K1G		K2		K3	
		Std.	€	Std.	€	Std.	€	Std.	€	Std.	€
Kotflügelverbreiterung hinten	k	**1,0**	46,60	–	–	–	–	**0,9**	39,40	**1,8**	57,20
Kotflügelverbreiterung vorne	k	**0,8**	12,10	–	–	–	–	**0,7**	18,70	**1,6**	24,50
Stoßfänger	k	**0,6**	138,90	–	–	–	–	**0,6**	87,90	**1,4**	148,20
Außenspiegel	k	**0,3**	15,80					**0,3**	12,50	**0,3**	13,40

Weitere Berechnungen:

c) Für die Instandsetzungsarbeiten wurde die Zeit entsprechend vorkalkuliert. Durch unvorhergesehene Schwierigkeiten verlängern sich die Arbeiten um 5 Stunden. Berechnen Sie die prozentuale Verlängerung der Arbeitszeit sowie die Mehrkosten für die Reparaturarbeiten.

d) Für die Lackierarbeiten werden 145 ml Klarlack (Stammmaterial) benötigt. Der Klarlackmenge werden Elastifizierer, Härter und Einstellzusatz zugegeben. Dem Klarlack muss 15 % Elastifizierer zugegeben werden. Das Mischungsverhältnis von Klarlack mit Elastifizierer und Härter beträgt 2:1. Die Zugabe von Einstellzusatz liegt bei 12 % von Klarlack + Elastifizierer. Berechnen Sie die Mengen der zugegebenen Komponenten und die Menge der spritzfertigen Lackmischung.

BESEITIGUNG DES STREIFSCHADENS

Der Streifschaden im Bereich der linken vorderen Kotflügelverbreiterung ist kostengünstig zu reparieren.

Leistungsbeschreibung

Pos. 1 Auswahl der Reparaturmethode
Pos. 2 Durchführung der ausgewählten Technik

Pos. 1 Auswahl der Reparaturmethode

Aufgabe 2

Ihr Ausbilder beauftragt Sie, sich im Internet über kostengünstige Reparaturmethoden von Kleinschäden zu informieren. Notieren Sie zu den abgebildeten Schäden mindestens 4 Materialien, Werkzeuge oder Geräte, die Sie für die jeweilige Methode benötigen.

Aufgabe 2 – Fortsetzung

Aufgabe 3

Bei Ihrer Recherche stoßen Sie immer wieder auf die Begriffe „Smart-Repair" und „Spotrepair".
Erklären Sie diese Begriffe.

Aufgabe 4

Im Rahmen der Aufbereitung lesen Sie in Fachzeitschriften und technischen Beschreibungen weitere englische Begriffe. Versehen Sie die Darstellungen mit ihrer englischen Bezeichnung. Zur Hilfe stehen die Buchstaben in alphabethischer Reihenfolge neben der Abbildung.

Darstellung	Benötigte Buchstaben	Darstellung	Benötigte Buchstaben
	AEHSTUX		BEMPRU
	EEHLW		ACDIINORT
	DEEGHINNOO		ABEELTTS
	AABDDHORS		ADEEHRST
	DDEHIILNSW		IKRSST
	ADEGHHILST		ABCGHIKLPTU
	DEEFNR		ERTY

Aufgabe 5

Ihr Ausbilder will von Ihnen wissen, welche Bereiche am Toyota für ein Spotrepair geeignet sind und welche nicht. Markieren Sie mit Buntstiften in den folgenden Abbildungen:

a) Teile, die für ein Spotrepair nicht geeignet sind.
b) Teile, die für ein Sportrepair uneingeschränkt geeignet sind.

a)

b)

Aufgabe 6

Ihr Ausbilder macht Sie darauf aufmerksam, dass es noch weitere Voraussetzungen gibt, um eine Spotrepair durchzuführen. Informieren Sie sich, welche Voraussetzungen gegeben sein sollten und notieren Sie diese.

Aufgabe 7

Wie würden Sie entscheiden?

Anhand Ihres erworbenen Wissens über Spotrepair entscheiden Sie sich nun, ob die Lackschäden durch eine Spotrepair oder durch herkömmliches Beilackieren zu beseitigen sind. Diskutieren Sie mit Ihren Mitschülern Ihre begründete Entscheidung.

Pos. 2 Durchführung der ausgewählten Technik

Aufgabe 8

Der Toyota RAV4 kommt nach der Lackierarbeit und der entsprechenden Trockenzeit aus der Trockenkabine. Welche Arbeiten müssen Sie durchführen, bevor dem Kunden das Fahrzeug übergeben wird?

Aufgabe 9

Bei den Lackierarbeiten sind die abgebildeten Fehler entstanden. Benennen Sie die jeweiligen Lackierfehler und erläutern Sie deren Behebung bei den Finish-Arbeiten.

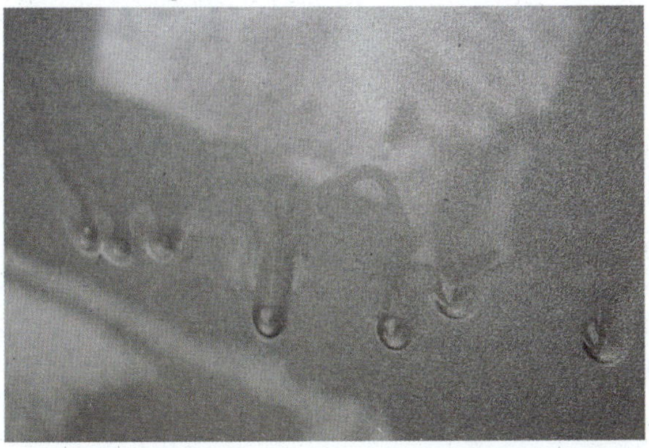

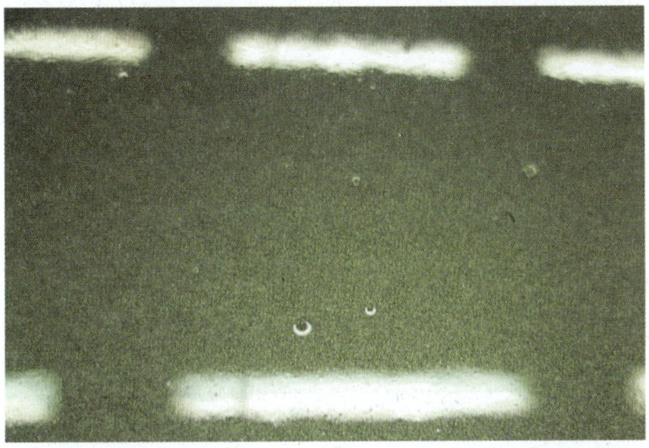

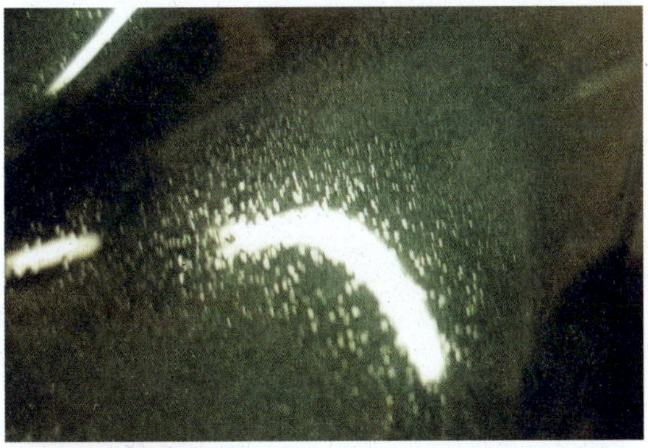

Aufgabe 10

Sie haben die Reparaturstelle an der Kotflügelverbreiterung möglichst klein gehalten. Beim Polieren des Lackübergangs stellen Sie Abrisskanten fest. Welche Ursache könnte hinter diesem Fehler liegen?

DELLE AM KOTFLÜGEL HERAUSDRÜCKEN UND KRATZER REPARIEREN

Durch einen Waschstraßenschaden befindet sich im Kotflügel vorne links eine kleine Delle. In der Delle befindet sich ein Lackkratzer bis zur Grundierung.

Leistungsbeschreibung

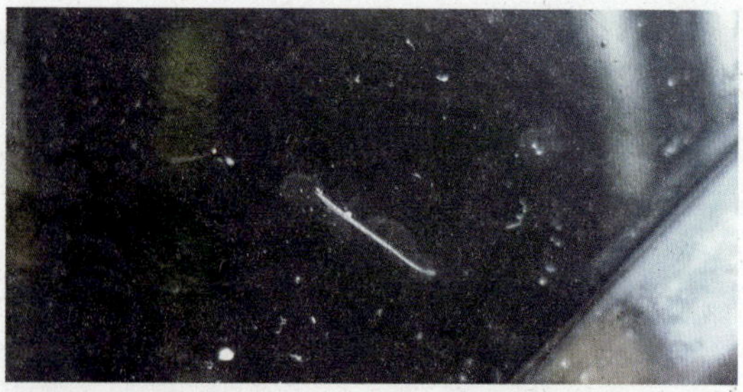

Pos. 1 Auswahl der passenden Reparaturmethode
Pos. 2 Durchführung der ausgewählten Reparaturmethode

Pos. 1 Auswahl der passenden Reparaturmethode

Aufgabe 11

Für die kleine Delle am Kotflügel stehen unterschiedliche Ausbeulmethoden zur Verfügung.
Nennen Sie die Ausbeulmethoden, die für diesen Fall angewendet werden können.

Pos. 2 Durchführung der ausgewählten Reparaturmethode

Aufgabe 12

Wie würden Sie entscheiden?
Sie haben bereits vieles über Ausbeulmethoden gelernt.
Welches Ausbeulverfahren würden Sie für die Reparatur der Dellen am Kotflügel des RAV4 verwenden?
a) Begründen Sie Ihre Meinung.
b) Beschreiben Sie in Stichpunkten die Vorgehensweise.

Aufgabe 13

Für den Instandsetzungsbereich hat Ihr Meister auf einer Messe Geräte und Werkzeuge zu folgenden Netto-Katalogpreisen bestellt: 1 Satz Ausbeulhebelwerkzeuge 1487,46 €; 3 Ausbeulhebel zum Stückpreis 28,55 €; 2 Ausbeullampen à 164,90 €; 1 Air-Puller 612,00 €, 1 Gluepuller 394,62 €.
Der Hersteller gewährt einen Messerabatt von 16 % und bei umgehender Rechnungsbegleichung können nochmals 3 % Skonto von dem Bruttorechnungsbetrag abgezogen werden. Berücksichtigen Sie die gesetzliche Mehrwertsteuer. Wie hoch ist der Rechnungsbetrag?

Aufgabe 14

Sie besuchen mit Ihrem Ausbilder eine Fachmesse. Auf einem Messe-Flyer lesen Sie verschiedene englische Fachbegriffe. Übersetzen Sie diese ins Deutsche.

Gluepuller	
Airpuller	
Accident damage	
Paintcode	
Vehicle identification number	
Undercoating	
Two coat system	
First aid	
Primer	
Carwash	

AUßENREINIGUNG DES FAHRZEUGS, LACKIERUNG AUFPOLIEREN UND VERSIEGELN

Bevor der Lack des Toyotas aufpoliert werden kann, muss das Fahrzeug gründlich von außen gereinigt werden. Der Kunde wünscht eine Konservierung des Lacks.

Leistungsbeschreibung

Pos. 1 Reinigung des Fahrzeugs
Pos. 2 Aufpolieren des Lacks
Pos. 3 Konservierungsmaßnahmen durchführen

Pos. 1 Reinigung des Fahrzeugs

Aufgabe 15

Wie würden Sie entscheiden?
Sie bekommen von Ihrem Ausbilder den Auftrag, den Toyota durch die Waschstraße zu fahren. Recherchieren Sie für die Beantwortung folgender Fragen im Internet.

a) Welche Waschstraßentypen gibt es?
b) Für welchen würden Sie sich entscheiden?

Aufgabe 16

Für die Berufsschule sollen Sie ein Referat über die optimale Lackpflege vorbereiten. Um das Thema übersichtlich darzustellen, wollen Sie eine schematische Darstellung anfertigen. Im Internet finden Sie ein unvollständiges Schema. Vervollständigen Sie es, indem Sie die folgenden Wörter und Texte der Tabelle an den richtigen Stellen in das Schema einfügen.

Waschanlage	Teerflecken	Lackstift
Insekten	Neuwertiger Lack, frei von Kratzern	Teerentferner
Wasser perlt ab – Lack geschützt	Spotrepair	Handwäsche
Lackreiniger, maschinelles Polieren, Konservierungsmittel	Matter, verwitterter Lack, feine Kratzer	Keine Wasserperlen an der Oberfläche – Lack nicht geschützt
Hochdruckreiniger	Konservierungsmittel	Fahrzeug abledern – Fertig
Spezialreiniger	Insektenentferner	Ruß, Benzin

Schema einer optimalen Lackpflege

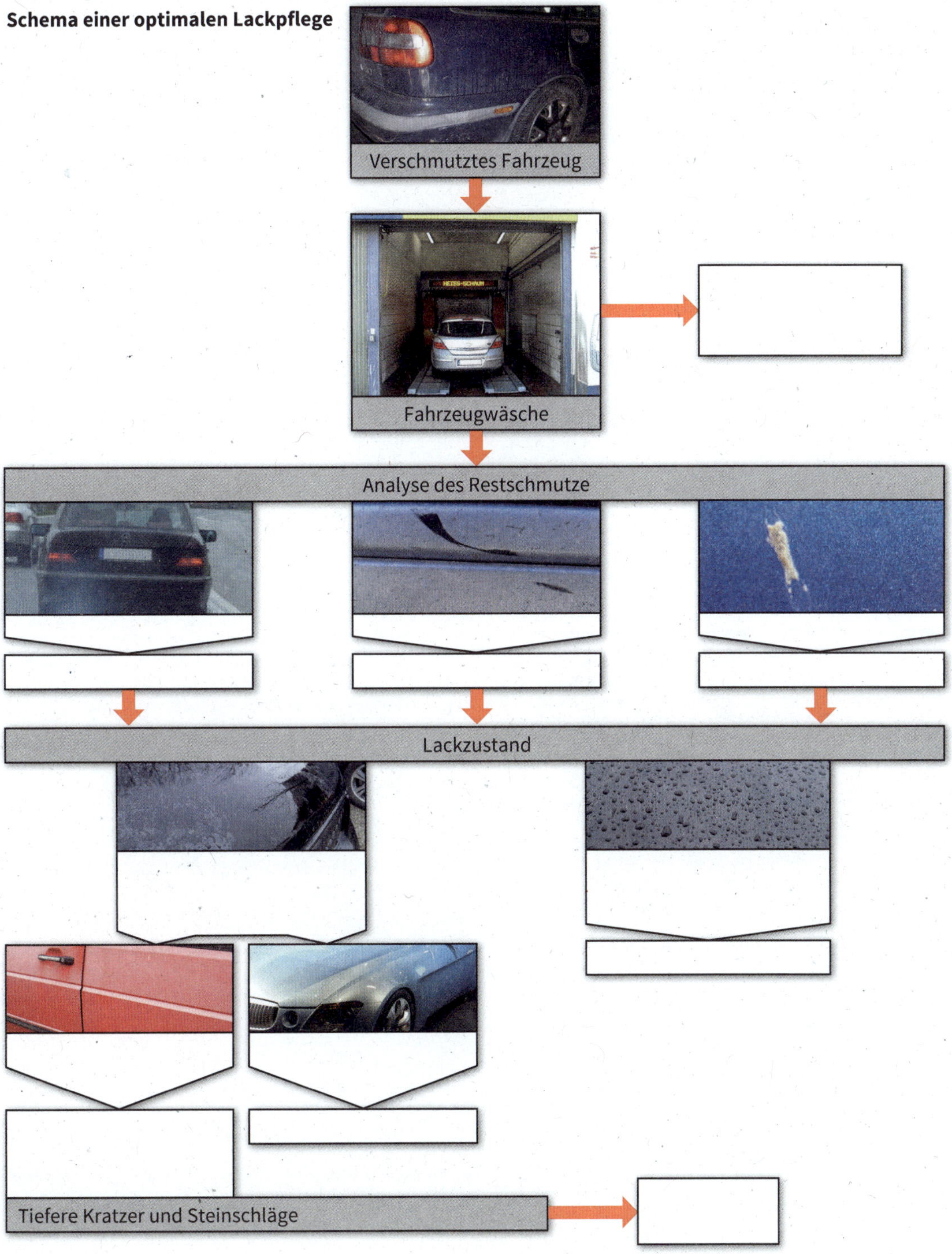

Aufgabe 17

Ihr Kollege aus dem ersten Lehrjahr fragt Sie, warum Sie das Fahrzeug nicht auf dem Firmenparkplatz gewaschen haben. Welche Antwort geben Sie Ihm?

Aufgabe 18

Der verchromte Kühlergrill des Fahrzeuges soll ebenfalls gereinigt werden.
a) Welche Materialien können Sie verwenden?
b) Worauf müssen Sie bei der Anwendung achten?

Pos. 2 Aufpolieren des Lacks

Aufgabe 19

Erläutern Sie, weshalb neuwertige Lacke seltener poliert werden sollten.

Aufgabe 20

Ihr Ausbilder weist Sie darauf hin, dass Sie alle unlackierten Kunststoffteile vor dem Poliervorgang abkleben sollen. Aus welchem Grund müssen Sie diesen Arbeitsschritt durchführen?

Aufgabe 21

Wie würden Sie entscheiden?

Ihnen stehen für die Polierarbeiten am Toyota RAV4 verschiedene Poliermedien zur Verfügung. Wählen Sie eines davon aus und begründen Sie Ihre Wahl. Erläutern Sie darüber hinaus, weshalb die anderen für Sie nicht geeignet sind.

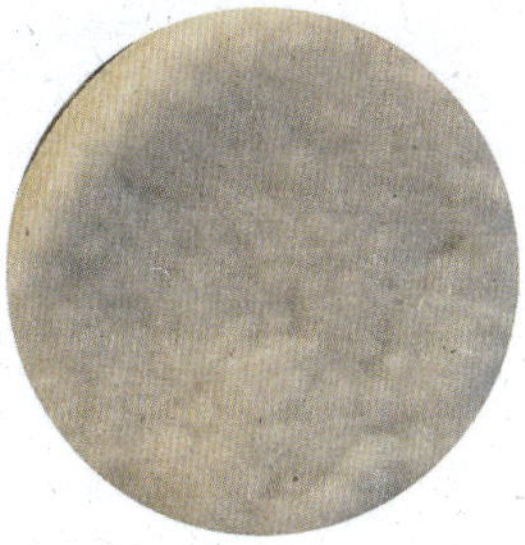

a)

b)

c)

Aufgabe 22

Bevor Sie das Fahrzeug dem Kunden übergeben, müssen noch Finish-Arbeiten durchgeführt werden. Hierfür muss eine Poliermaschine richtig eingesetzt werden. Markieren Sie die jeweils richtige Aussage (jeweils eine pro Zeile).

Mit der Maschine auf der Oberfläche starten	Mit der Maschine über der Oberfläche starten
Die Poliermaschine an der gleichen Stelle halten	Die Poliermaschine ständig bewegen
Defekte entfernen: mit 5–10° Winkel polieren	Defekte entfernen: Maschine flach halten
Hologramme vermeiden: mit 5–10° Winkel polieren	Hologramme vermeiden: Maschine flach halten

Aufgabe 23

Sie haben die Polierarbeien am Toyota RAV4 durchgeführt. Als das Fahrzeug aus der Halle auf dem Parkplatz gefahren wird, stellen Sie bei Sonnenlicht eine leicht wolkige Oberfläche fest.

a) Welchen Fehler erkennen Sie?
b) Wodurch ist er entstanden?
c) Wie können Sie Abhilfe schaffen?

Aufgabe 24

Experiment – unterschiedliche Poliermittel verwenden

Polieren Sie eine klarlackierte Fläche mit drei unterschiedlichen Poliermitteln. Verwenden Sie eine Schleifpaste, eine Feinschleifpaste und eine Hochglanzpolitur. Dokumentieren und präsentieren Sie Ihre Ergebnisse und Erfahrungen.

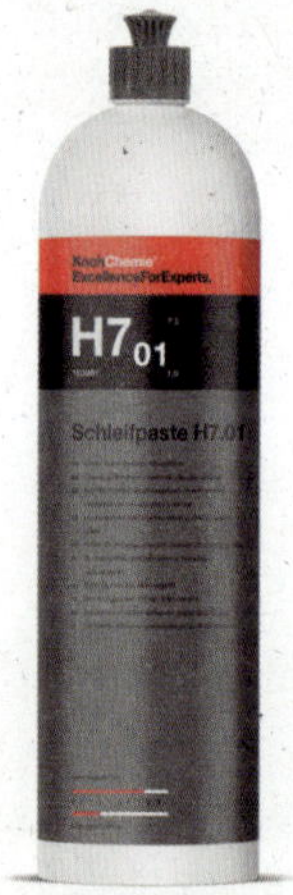

Aufgabe 25

Da Sie mit den Polierarbeiten schon vertraut sind, beauftragt Sie der Ausbilder, das abgebildete Gebrauchtfahrzeug einer Lackaufbereitung zu unterziehen. Stellen Sie einen Arbeitsablaufplan für die Polierarbeiten auf.

Pos. 3 Konservierungsmaßnahmen durchführen

Aufgabe 26

Aus welchen Gründen ist es sinnvoll, den polierten Lack des Toyota RAV4 zu konservieren?

Aufgabe 27

Nennen Sie Produkte, die Sie für die Konservierungsmaßnahmen des Lacks verwenden können, und beschreiben Sie deren Eigenschaften.

Aufgabe 28

Auf welche Konservierungsmittel sollte verzichtet werden, um spätere Probleme auszuschließen?

Aufgabe 29

Erklären Sie dem Kunden, wie durch die Konservierungsmaßnahmen ein neuer Glanz entsteht. Verwenden Sie hierfür die Worte „gerichtete Reflexion" und „diffuse Reflexion". Erstellen Sie zur Verdeutlichung zwei Skizzen.

Aufgabe 30

Nach der Unfallinstandsetzung des Fahrzeuges wird im Fahrzeug des Kunden – als kostenlose Serviceleistung – eine professionelle Innenraumaufbereitung durchgeführt.
Nennen Sie Werkzeuge, Hilfsmittel und Materialien, die bei der jeweiligen Leistung benötigt werden (jeweils zwei zu jeder Leistung).

Leistung	Werkzeuge/Hilfsmittel/Materialien
Fenster und Spiegel reinigen	
Entfernen von leichten Verunreinigungen am Himmel	
Fußmatten reinigen	
Polstersitzreinigen	
Lederreinigung	
Lenkradreinigung	

Aufgabe 31

Da Sie die Polierarbeiten zur Zufriedenheit des Ausbilders ausgeführt haben, gibt Ihnen dieser als Belohnung ein Rätsel über Autospitznamen aus einer Zeitschrift. Seit Beginn der Automobilgeschichte haben bestimmte Automodelle im bürgerlichen Sprachgebrauch einen Spitznamen. Dies sind inoffizielle Bezeichnungen, Kose- oder Spottnamen. Diese können sowohl liebevoll, schmeichelhaft, aber auch abwertend und spöttisch sein. Die Spitznamen entstanden meist aufgrund der Fahrzeugform oder spezieller Modelleigenschaften.

Jedes hier abgebildete Fahrzeugmodell ist mit einer Auswahl an Spitznamen versehen. Wählen Sie aus den vorgegebenen Antworten **eine** aus. Es ist nur immer **eine** Antwort richtig.

Opel GT
a) Baby-Corvette
b) Alemannen-Camaro
c) Keil-Corvette
d) Baby-Camaro

Volvo PV 444
a) Buckelvolvo
b) Kugelvolvo
c) Kuppelvolvo
d) Pontonvolvo

Opel Olympia Rekord
a) schwarzer Blitz
b) Bauernschiff
c) Haifischmaul
d) Kantenhaube

Opel 4/16
a) Grasfrosch
b) Kröte
c) Laubfrosch
d) Unke

Ford Taunus 12M
a) Weltkugel
b) Globus
c) Luftballon
d) Luftschiff

Opel Rekord 57–60
a) Dorf-Camaro
b) Land-Cadillac
c) Bauern-Buick
d) Landsmanns-Dodge

Citroen DS
a) Liebste
b) Göttin
c) Angebetete
d) Darling

Simca Bagheera
a) Planschbecken
b) Schwimmbecken
c) Whirlpool
d) Badewanne

BMW Z3 Coupe
a) Schlittschuh
b) Sneaker
c) Halbschuh
d) Turnschuh

Trabant
a) Sozialistenporsche
b) Rennpappe
c) Papierbomber
d) Kleisterkiste

VW Karmann Ghia
a) Nachkriegswunder
b) Fräuleinwunder
c) Frauenporsche
d) Sekretärinnenporsche

Opel Blitz
a) Kamel
b) Maultier
c) Dromedar
d) Esel

BMW 501
a) Gangsterbraut
b) Barockengel
c) Isar 12
d) Münchner Kunst

VW Golf Cabrio
a) Himbeerkörbchen
b) Brombeerkörbchen
c) Erdbeerkörbchen
d) Heidelbeerkörbchen

VW 411
a) Nasenbär
b) Langnase
c) Pinocchio
d) Knollnase

AMC Pacer
a) Rollende Donnerkuppel
b) Rollendes Iglu
c) Rollendes Zelt
d) Rollendes Aquarium

Ford Capri
a) Angestellten-Porsche
b) Lehrlingsporsche
c) Hilfsarbeiter-Porsche
d) Facharbeiter-Porsche

Volvo P1800
a) Dornröschensarg
b) Rotkäppchensarg
c) Schneewittchensarg
d) Prinzessinnensarg

Ford Taunus 17M
a) Kölner Klassik
b) Schalker Renaissance
c) Dortmunder Gotik
d) Gelsenkirchener Barock

Hanomag 2/10
a) Laugenbrezel
b) Armenbrötchen
c) Komissbrot
d) Salzstange

VW Typ 147
a) Seraphin
b) Hermelin
c) Fridolin
d) Balduin

Renault 4 CV
a) Apfelkuchen
b) Erdbeerkuchen
c) Blechkuchen
d) Cremeschnittchen

Mercedes Benz W 125
a) Haifischflosse
b) Rennpfeil
c) Kiemenpfeil
d) Silberpfeil

Ford Escort
a) Haifischknochen
b) Hühnerknochen
c) Hirschgeweih
d) Hundeknochen

Mercedes Benz W111
a) Haifischflosse
b) Heckflosse
c) Spitzheck
d) Walflossse

Kadett Rallye
a) Rote Urne
b) Schwarzer Sarg
c) Totengräber
d) Witwenmacher

Bugatti Typ 54
a) Witwenmacher
b) Rennpfeil
c) Sargnagel
d) Blaue Rakete

Mercedes W113 63-71
a) Tempel
b) Teehaus
c) Pagode
d) Obelisk

VW Bus
a) Camper
b) Bulli
c) Scheune
d) Tenne

Fiat 500 A
a) Ratto
b) Criceto
c) Castoro
d) Tipolino

Citroen 2 CV
a) Schwan
b) Gans
c) Ente
d) Möwe

Opel Rekord P2 Coupe
a) rasender Kofferraum
b) schnelle Kiste
c) flotter Heinrich
d) rasche Kiste

VW
a) Buckel
b) Käfer
c) Kugel
d) Schabe

Austin Healey
a) Stierauge
b) Fischauge
c) Kuhauge
d) Froschauge

BMW Isetta
a) Wunderkugel
b) Ball
c) Knutschkugel
d) Ei

Mercedes Benz W114/115
a) Strich 7
b) Strich 8
c) Strich 9
d) Strich 10

Victoria Spatz
a) Brandmeister
b) Brandherd
c) Phönix
d) Feuervogel

VW 1600 TL
a) Gute Lösung
b) Mögliche Lösung
c) Traurige Lösung
d) Falsche Lösung

BESCHÄDIGTE FELGE INSTAND SETZEN

Die Leichtmetallfelge hat durch den Kontakt mit einem Bordstein einen Schaden erlitten.

Leistungsbeschreibung

Pos. 1 Aufbereitung der Felge und Durchführung der Reparatur.

Pos. 1 Aufbereitung der Felge und Durchführung der Reparatur

Aufgabe 32

Wie können Sie feststellen, ob die Felge noch reparabel ist?

Aufgabe 33

Welche Schäden können in der Regel durch Felgenaufbereitung behoben werden?

Aufgabe 34

Beschreiben Sie den Arbeitsablauf für die Instandsetzung der beschädigten Felge des Toyota RAV4s.

INNENRAUM REINIGEN UND GEBRAUCHSSPUREN AUFBEREITEN

Der Innenraum weist allgemeine Verschmutzungen und Gebrauchsspuren auf. Eine Handyhalterung ist an das Armaturenbrett geschraubt.

Leistungsbeschreibung

Pos. 1 Reinigen und Beseitigung der Gebrauchsspuren
Pos. 2 Reparatur der Bohrlöcher im Armaturenbrett

Pos. 1 Reinigen und Beseitigung der Gebrauchspuren

Aufgabe 35

Sie werden von Ihrem Ausbilder beauftragt, die Lederausstattung des Fahrzeuges zu reinigen und zu pflegen. Informieren Sie sich im Internet über die Möglichkeiten von Lederreinigung und -pflege.

Aufgabe 36

Des Weiteren werden Sie beauftragt, die Teppiche der Fahrgastzelle und des Kofferraums zu reinigen.
Welche Möglichkeiten stehen Ihnen zur Verfügung? Informieren Sie sich und beschreiben Sie die Reinigungsmethoden.

Aufgabe 37

Ihr Lackierbetrieb erwägt, die Innenraumaufbereitung des Fahrzeuges von einem benachbarten Subunternehmer durchführen zu lassen.

a) Berechnen Sie die Kosten der Aufbereitungsarbeiten, wenn Ihr Lackierbetrieb die Arbeiten selbst durchführt.
Die Werkstoffpreise sowie die Arbeitszeiten entnehmen Sie den folgenden Angaben:
- Werkstoffkosten 57,68 €,
- Werkstoffmalnehmer 4,5,
- Arbeitszeit 32 AW,
- Ihr Betrieb erhält beim Kauf des Materials einen Rabatt von 15 %.
- Ihr Betrieb kalkuliert die Aufbereitungsarbeiten mit 6,25 €/AW (1 AW = 5 min).

b) Berechnen Sie den Angebotspreis des Subunternehmers.
- Der Subunternehmer gewährt auf die Arbeitszeiten 10 % Rabatt.
- Die Werkstoffkosten belaufen sich auf 68,50 €.
- Der Subunternehmer kalkuliert mit einem Werkstoffmalnehmer von 3,5.
- Die Arbeitszeit wird mit 34 AW vorkalkuliert.
- Der Subunternehmer berechnet die Aufbereitungsarbeiten mit 14,10 €/AW (1 AW = 10 min).

c) Vergleichen Sie die beiden Preise und ermitteln Sie die Kostendifferenz in Euro und Prozent.

Pos. 2 Reparatur der Bohrlöcher im Armaturenbrett

Aufgabe 38

Am Armaturenbrett des Toyotas befand sich eine Handyhalterung. Nach der Entfernung ist ein Bohrloch zurückgeblieben. Dieses soll durch Sie fachmännisch repariert werden. Ordnen Sie die Arbeitsabläufe den Abbildungen durch die Nummerierung von 1 bis 7 zu.

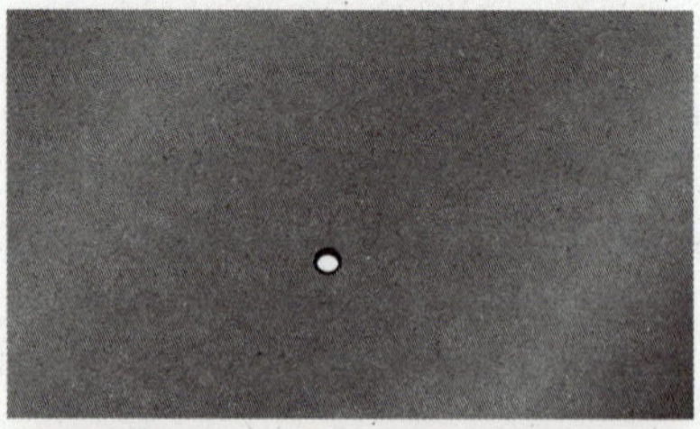

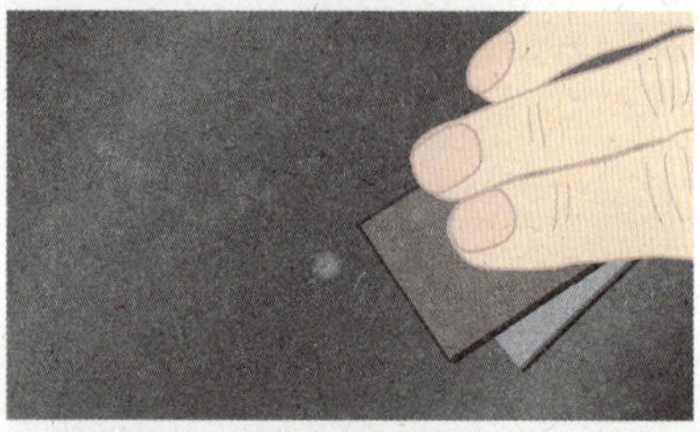

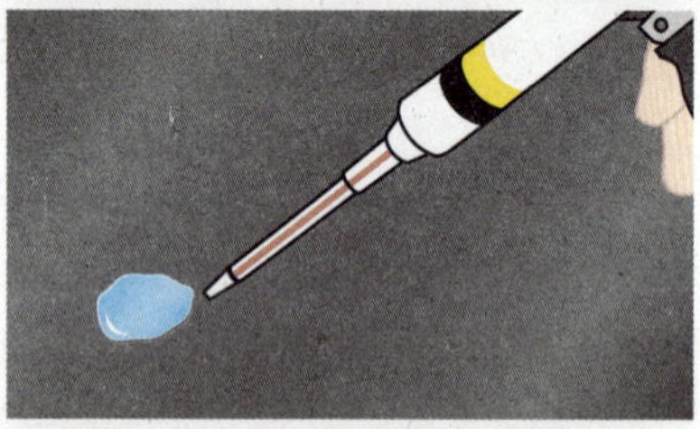

Nr.	Arbeitsabläufe
	Zuletzt wird die Reparaturstelle mit einer Airbrushpistole farblich angeglichen.
	Für die spätere Struktur wird ein Abdruck der Kunststoffstruktur angefertigt.
	Die Löcher im Armaturenbrett werden mit einer speziellen Kunststofffüllmasse aufgefüllt.
	Das Strukturmuster wird beschwert und muss abkühlen. Danach kann es entfernt werden.
	Nach der Trocknung wird die Füllmasse mit einem feinen Schleifpapier geglättet.
	Im Armaturenbrett befindet sich durch die Entfernung der Handyhalterung zwei Bohrlöcher, die geschlossen und angeglichen werden sollen.
	Das Strukturmuster wird abgenommen und auf die Reparaturstelle aufgelegt. Mittels Wärme wird die Struktur in den Reparaturkunststoff eingedrückt. Strukturpapier kann den gleichen Effekt erzielen.

Aufgabe 39

Bei den Aufbereitungsarbeiten wird die Haut stark beansprucht. Zum Schutz Ihrer Haut ist in Ihrer Firma ein Hautschutzplan ausgehängt. Leider sind einige Bereiche nicht mehr lesbar. Vervollständigen Sie den Hautschutzplan mit den gegebenen Begriffen und erstellen Sie eine Vorlage.

- Pflegecreme
- Vor Pausen
- Vor Arbeitsbeginn
- Hautschutz
- Hautpflege
- Waschcreme
- Hautschutzcreme
- Auch nach den Pausen
- Ggfs. nach Hautreinigung
- Nach der Arbeit
- Hautreinigung
- Nach Arbeitsende

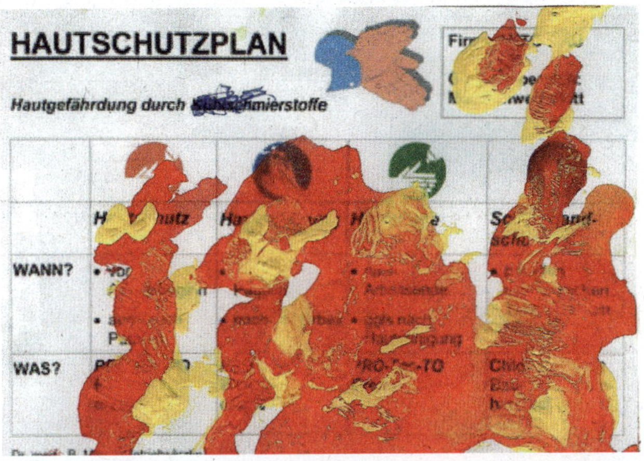

Wann?			
Was?			

Aufgabe 40

Zählen Sie Arbeiten des Fahrzeuglackierers auf, bei denen die Haut besonders beansprucht wird.

Aufgabe 41

Eine zylindrische Poliermittelflasche ist insgesamt 28,4 cm lang und hat einen Durchmesser von 7 cm.
Die Flasche ist noch mit 71 % der Gesamtlänge gefüllt.

a) Wie hoch ist das Volumen des vorhandenen Poliermittels in cm^3?
b) Wie viele Poliergänge können Sie noch durchführen, wenn pro Poliervorgang 16 cm^3 Poliermittel verwendet werden und 2 % der Gesamtmenge als Rest in der Flasche zurückbleiben?
c) 18 Poliergänge wurden zuvor schon mit der anfangs vollen Flasche durchgeführt. Die Kosten der Poliergänge mit dem bisher verbrauchten Poliermittel belaufen sich auf 18,70 €. Wie hoch sind die Kosten für die Poliergänge, die mit dem restlichen Poliermittel noch durchgeführt werden können?

Aufgabe 42

Sie werden beauftragt, eine Rechnung über die Aufbereitungsarbeiten des Gebrauchtfahrzeugs zu erstellen. Verwenden Sie hierfür die nachfolgenden Angaben:

› Tariflohn pro Stunde	15,70 €
› Lohnabhängige Gemeinkosten	275 %
› Polierarbeiten	4 Std.
› Reinigungsarbeiten	1 Std.
› Lackversiegelung	2 Std.
› Kleinreparaturen	0,5 Std.
› Werkstoffkosten	53,40 €
› Werkstoffabhängige Gemeinkosten	13 %
› Gewinn und Wagnis	15 %
› Gesetzliche Mehrwertsteuer z. Z.	19 %

Aufgabe 43

Ihr Ausbilder weist Sie darauf hin, dass jeder Fahrzeuglackierer in der Lage sein sollte, Fahrzeugmodelle an ihren Details zu erkennen. Bestimmen Sie zu jeder Abbildung die Automarke und das entsprechende Modell.

	Fahrzeugmarke Fahrzeugmodell		Fahrzeugmarke Fahrzeugmodell
	Fahrzeugmarke Fahrzeugmodell		Fahrzeugmarke Fahrzeugmodell
	Fahrzeugmarke Fahrzeugmodell		Fahrzeugmarke Fahrzeugmodell
	Fahrzeugmarke Fahrzeugmodell		Fahrzeugmarke Fahrzeugmodell
	Fahrzeugmarke Fahrzeugmodell		Fahrzeugmarke Fahrzeugmodell
	Fahrzeugmarke Fahrzeugmodell		Fahrzeugmarke Fahrzeugmodell
	Fahrzeugmarke Fahrzeugmodell		Fahrzeugmarke Fahrzeugmodell
	Fahrzeugmarke Fahrzeugmodell		Fahrzeugmarke Fahrzeugmodell

KUNDENAUFTRAG

Die Messe „Tuning-Trend“ findet alle zwei Jahre in Norddeutschland statt. Mehr als 100 Aussteller präsentieren alle Facetten der Tuning-Szene, z. B. die neuesten Trends aus den Bereichen Design, Karosseriebau, Motoren- und Fahrwerkstechnik sowie Innenraumveredlung.

Ihre Firma wird beauftragt, für ein neu eröffnetes Autohaus, das sich erstmals auf der „Tuning-Trend“ darstellen möchte, einen mobilen Werbeträger zu gestalten. Der Firmeninhaber bittet Sie, dafür ein Logo mit hohem Wiedererkennungswert zu entwickeln. Zusätzlich wünscht der Kunde, dass Sie sich Gedanken über ein mögliches Corporate-Identity-Konzept machen. Der Besitzer des Autohauses lässt Ihnen bei der Gestaltung freie Hand, möchte aber über die Gestaltungsfortschritte auf dem Laufenden gehalten werden.

Objektbeschreibung

Mobiler Werbeträger:	Es stehen mehrere Auswahlmöglichkeiten zur Verfügung
Firmenname:	Autohaus Wankel

Auszuführende Arbeiten

- Auswahl eines zweckmäßigen mobilen Werbeträgers
- Auswahl eines geeigneten Farbtons
- Entwickeln eines Firmenlogos
- Auswahl einer passenden Schriftart
- Entwickeln einer Corporate-Identity-Maßnahme
- Präsentation und Beratung beim Kunden

AUSWAHL EINES ZWECKMÄẞIGEN MOBILEN WERBETRÄGERS

Wählen Sie einen geeigneten mobilen Werbeträger aus. Beachten Sie dabei die Werbebotschaft, die mit ihm präsentiert werden soll.

Leistungsbeschreibung

Pos. 1 Wahl des Werbeträgers
Pos. 2 Auswahl der Werbebotschaft

Pos. 1 Wahl des Werbeträgers

Aufgabe 1

Im Zuge des Messeauftrittes möchte Ihr Kunde, Herr Wankel, seine Werbebotschaft auf einen Werbeträger aufbringen lassen. Leider wirft er die Begriffe Werbeträger, Werbemittel und Werbeelemente ständig durcheinander. Erklären Sie ihm die Unterschiede zwischen den drei Begriffen.

Werbeträger

Werbemittel

Werbeelemente

Aufgabe 2

Wie würden Sie entscheiden?
Herr Wankel würde gerne einen auffälligen Werbeträger nutzen. Er möchte im Vorfeld der Messe eine Plakatwand oder Litfaßsäule in der Nähe seiner Firma mieten. Sie raten ihm ab und empfehlen ihm ein reales Auto. Um Ihren Kunden, Herrn Wankel, von einem mobilen Werbeträger in Form eines Firmenfahrzeugs zu überzeugen, recherchieren Sie im Internet und im Fachbuch die Vorteile von Transportmittelwerbung (Fahrzeugwerbung).

Pos. 2 Auswahl der Werbebotschaft

Aufgabe 3

Im Gespräch mit Ihrem Kunden legt dieser Ihnen ein paar Vorschläge und Ideen für eine mögliche Werbebotschaft vor. Da Sie sich sehr für Werbung interessieren, können Sie ihm die Assoziation erklären, die bei der jeweiligen Verwendung seiner Werbebotschaft, also des Werbestils, mitschwingt. Tragen Sie in die Tabelle die zur jeweiligen Werbebotschaft passende Werbetechnik und deren Wirkung ein (Mehrfachnennungen sind möglich).

Füllen Sie die letzte Zeile mit einem eigenen Vorschlag.

Werbebotschaft	Werbetechnik	Wirkung
Testsieger in Technik und Design – *Autohaus Wankel*		
Geht nicht gibt's nicht – *Autohaus Wankel*		
Sommer-Sonne-Cabrio-Lebensgefühl *Autohaus Wankel*		
Unsere Stadtväter kaufen hier – *Autohaus Wankel*		
Die Straße gehört uns-Zufriedenheit durch *Autohaus Wankel*		
(Entwickeln Sie einen eigenen Slogan:)		

AUSWAHL EINES GEEIGNETEN FARBTONS

Wählen Sie einen geeigneten Farbton als Untergrund für den gewählten Werbeträger aus.
Beachten Sie dabei die Lesbarkeit der aufzubringenden Werbebotschaft.

Leistungsbeschreibung

Pos. 1 Wahl des Untergrundfarbtons
Pos. 2 Auswahl von Ausstellungsfahrzeugen für den Messeauftritt

Pos. 1 Auswahl des Untergrundfarbtons

Aufgabe 4

Ihre Argumente bezüglich des Werbeträgers haben Herrn Wankel überzeugt. Da er absoluter Mini-Fan ist, möchte er einen seiner lackierten Favoriten als Werbeträger nutzen. Dazu legt er Ihnen Fotos seiner Mini-Flotte zur Begutachtung vor.

Beschreiben Sie die den Einfluss auf die Stimmung und die Assoziation der Farbtöne.

	Wirkung	Assoziation, Symbolik

	Eisblau: Pink:	Eisblau: Pink:

	Wirkung	Assoziation, Symbolik

	Dunkelblau: Hellblau:	Dunkelblau: Hellblau:

Aufgabe 5

Wie würden Sie entscheiden?

Sie raten Ihrem Kunden zu dem weißen Auto als Werbeträger. Begründen Sie Ihre Entscheidung.

Pos. 2 Auswahl von Ausstellungsfahrzeugen für den Messeauftritt

Aufgabe 6

Ihr Kunde ist bekannt für seinen ausgefallenen Wagenpark. Um auf der internationalen „Tuning-Trend" einen Querschnitt der Angebotspalette Ihres Kunden darzustellen, schlagen Sie ihm vor, auf dem Messestand ausgesuchte Modelle zu präsentieren. Herr Wankel bittet Sie, ihm bei der Auswahl zu helfen.

Wählen Sie vier unterschiedliche Modelle für die Messepräsentation aus. Beschreiben Sie dazu die Fahrzeuge in der Tabelle, indem Sie auf die Farbwirkung (ggf. Farbkontraste) und Formensprache (ggf. Anordungsprinzipien) eingehen.

	Farbwirkung/ Farbkontrast	Formenwirkung der Karosserie und des Designs	Auswahl
		Design:	
		Karosserie:	
		Karosserie:	
		Design:	
		Karosserie:	

	Farbwirkung/ Farbkontrast	Formenwirkung der Karosserie und des Designs	Auswahl
		Design:	
		Karosserie:	
		Design:	
		Karosserie:	
		Karosserie:	
		Design:	

ENTWICKELN EINES LOGOS

Der Firmeninhaber des Autohauses hatte sich bislang keine Gedanken über ein Firmenlogo gemacht. Im Zuge eines erfolgreichen Messeauftritts sieht er die Notwendigkeit eines unverwechselbaren Erscheinungsbildes ein.

Leistungsbeschreibung

Pos. 1 Entwicklung eines Firmenlogos

Pos. 1 Entwicklung eines Firmenlogos

Aufgabe 7

Nennen Sie stichpunktartig die wichtigsten Gestaltungsregeln, die bei dem Entwurf eines Logos beachtet werden müssen.

Aufgabe 8

Im Vorfeld der Überlegungen erklären Sie Ihrem Kunden anhand der Beispiele, welche Möglichkeiten mit unterschiedlicher Wirkung bei der Logogestaltung existieren. Nennen Sie weitere Beispiele für die jeweiligen Logo-Arten.

	Art des Logos	Erkennungsmerkmal und Wirkung	Beispiele aus dem allgemeinen Bereich	Beispiele aus dem Kfz-Bereich

Aufgabe 9

Gestalten Sie gemäß der folgenden Aufgabenstellung ein einfaches, einprägsames Bildlogo für das Autohaus Wankel.

a) Schneiden Sie aus alten Zeitschriften Motive zum Thema aus. Fertigen Sie daraus ein Plakat im Format DIN A3.

b) Zeichnen Sie die Konturen der Motive mit einem dicken Filz- oder Bleistift nach.

c) Wählen Sie ein Motiv aus, dessen Konturen klar und eindeutig erscheinen und einen hohen Wiedererkennungswert haben.

d) Schneiden Sie dies Motiv aus und kleben es unten auf.

e) Vereinfachen Sie nun das Motiv, wie in der Beispiellösung, so stark wie möglich.

Beispiel	Individuelle Lösung

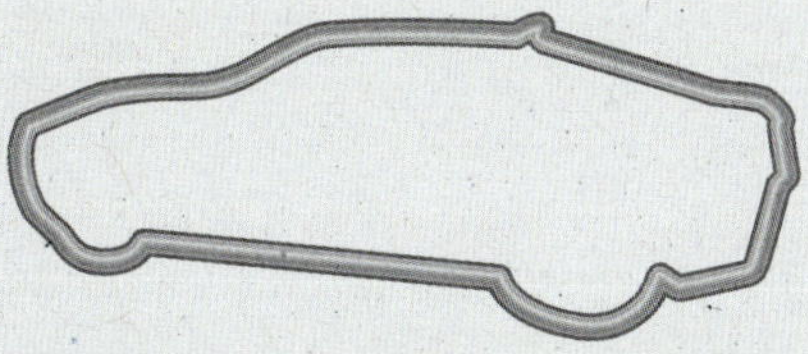	

Aufgabe 10

Alternativ kann die Erstellung des Logos am Computer erfolgen. Digitalisieren Sie dazu eine Vorlage am Computer, reduzieren Sie diese in mehreren Einzelschritten (in Anlehnung an Aufgabe 9) und entwerfen Sie ein Logo.

Bringen Sie die Arbeitsschritte in eine logische Reihenfolge und beschreiben Sie die Arbeitsschritte stichpunktartig.

Nummer	Foto	Beschreibung

Aufgabe 11

Wie würden Sie entscheiden?

Der Auszubildende aus dem 1. Lehrjahr fragt Sie, ob es einen Unterscheid zwischen Logo, Piktogramm und Signet gibt. Recherchieren Sie im Internet und im Fachbuch die Definitionen, erklären Sie ihm die Begriffe und geben Sie jeweils mindestens ein Beispiel an.

Logo:

Beispiel:

Piktogramm:

Beispiel:

Signet:

Beispiel:

AUSWAHL EINER PASSENDEN SCHRIFTART UND POSITIONIERUNG AUF DEM FAHRZEUG

Wählen Sie eine passende Schriftart für das Autohaus. Beachten Sie dabei die Wirkung der Schrift.
Machen Sie anschließend Vorschläge, wo das Logo und der Schriftzug auf dem Fahrzeug angebracht werden können.

Leistungsbeschreibung

Pos. 1 Auswahl einer Schriftart
Pos. 2 Auswahl einer Schriftfarbe
Pos. 3 Positionierung des Logos und des Schriftzugs auf dem Werbeträger
Pos. 4 Kostenkalkulation

Pos. 1 Auswahl einer Schriftart

Aufgabe 12

Beschreiben Sie die Merkmale der Schriftzüge. Ordnen Sie die Schriftart den entsprechenden Schriftzügen zu, indem Sie sich an der Reduzierung auf die fünf relevanten Schriftgruppen orientieren.

Nr.	Schriftzug	Merkmal	Schriftart
1	Autohaus Wankel		
2	Autohaus Wankel		
3	Autohaus Wankel		
4	Autohaus Wankel		

Aufgabe 13

Bevor Sie eine Schriftart auswählen, erklären Sie Herrn Wankel die Lesbarkeit und die Wirkung der einzelnen Schriftzüge.

Schriftzug Nr. 1

Schriftzug Nr. 2

Schriftzug Nr. 3

Schriftzug Nr. 4

Aufgabe 14

Begründen Sie Ihre Schriftauswahl, die sich aus Aufgabe 13 ergeben hat.

Aufgabe 15

Wie würden Sie entscheiden?

Der Onkel eines Kollegen lebt in Amerika und betreibt dort einen Laden mit dem Namen „Key Lime Shop“ (Lime = Limetten). Der Kollege weiß, dass Sie sich mit Schriften auskennen und zeigt Ihnen ein Foto des beschrifteten Firmenfahrzeugs seines Verwandten.

Von Ihnen möchte er wissen, ob die Beschriftung gelungen ist oder ob sein Onkel etwas hätte besser machen können.

a) Ordnen Sie die unten aufgeführten Fachbegriffe dem Fahrzeug zu.

Begriffe:

Reine Minuskelschrift, Antiqua-Schrift, leicht geschwungene Schrift, fett, kursiv, Schatten, Serife, runde Endstriche, Groteskschrift, diagonal ausgerichtet, Versalie, Majuskel

b) Beurteilen Sie die Farbwirkung und die Lesbarkeit der Schrift.

Farbwirkung:

Lesbarkeit:

Pos. 2 Auswahl einer Schriftfarbe

Aufgabe 16

Ihr Kunde hat sich für einen dunkelroten Farbton entschieden. Er möchte nun, dass Sie den Schriftzug und das Logo in Dunkelrot auf dem weißen Werbeträger-Fahrzeug aufbringen.

Zusätzlich überlegt er, dieselbe Gestaltung auf seinem privaten Fahrzeug aufbringen zu lassen.

a) Beschreiben Sie den Hell-Dunkel-, Simultan- und den Quantitätskontrast anhand des Fahrzeugs
b) Beurteilen Sie die Aufbringung einer dunkelroten Gestaltung.
c) Schlagen Sie begründet eine alternative farbige Gestaltung vor.

Pos. 3 Positionierung des Logos und des Schriftzugs auf dem Werbeträger

Aufgabe 17

Der Kunde wünscht, dass Sie sich Gedanken über die Positionierung des entworfenen Logos und des Schriftzugs auf dem Werbeträger machen. Diskutieren Sie einige Ihrer Vorschläge mit Ihren Mitschülern, um für die anschließende Präsentation bei der Kundin vorbereitet zu sein.
Kopieren Sie die Vorlage des Minis für Ihre Entwürfe.

Kopiervorlage

Kopiervorlage

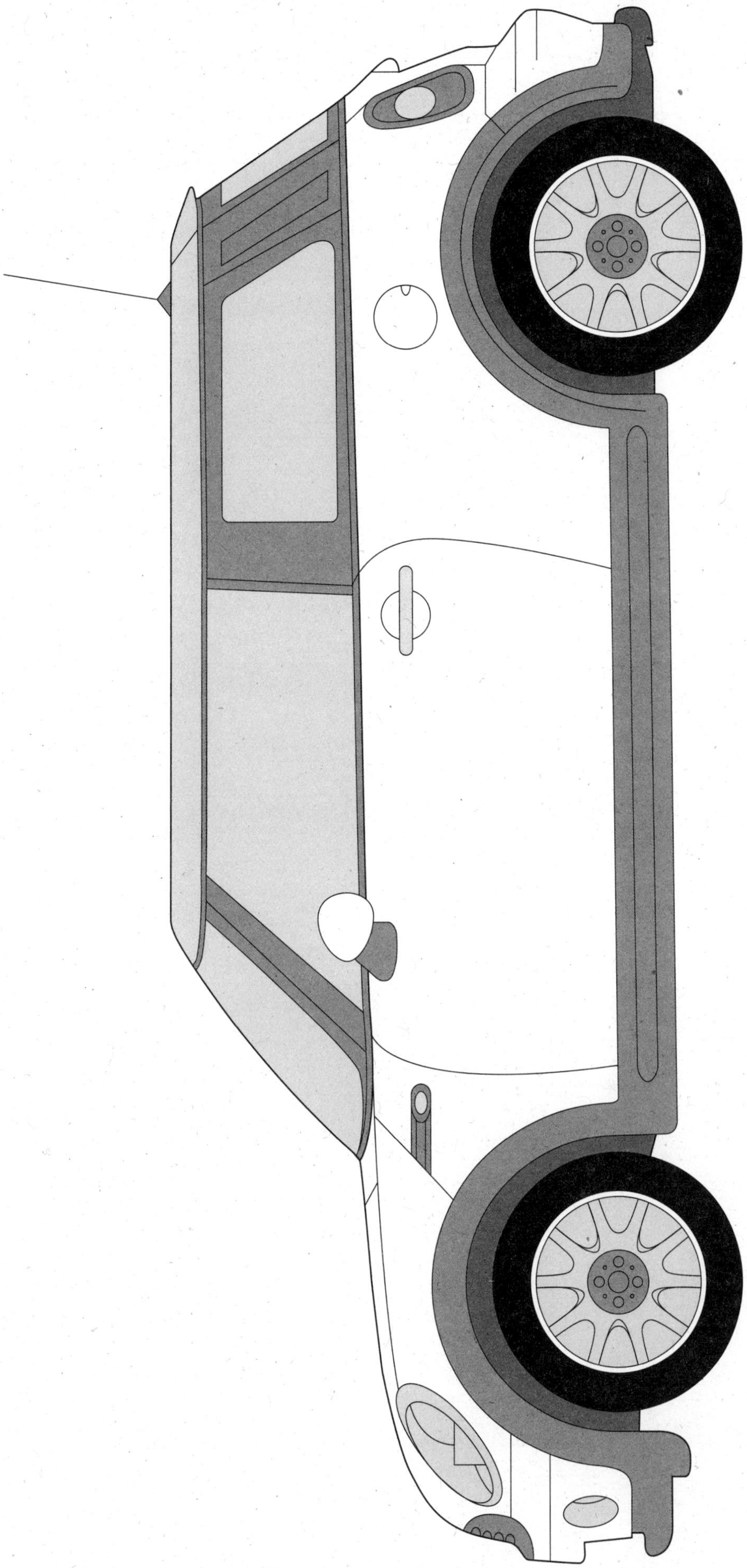

Kopiervorlage

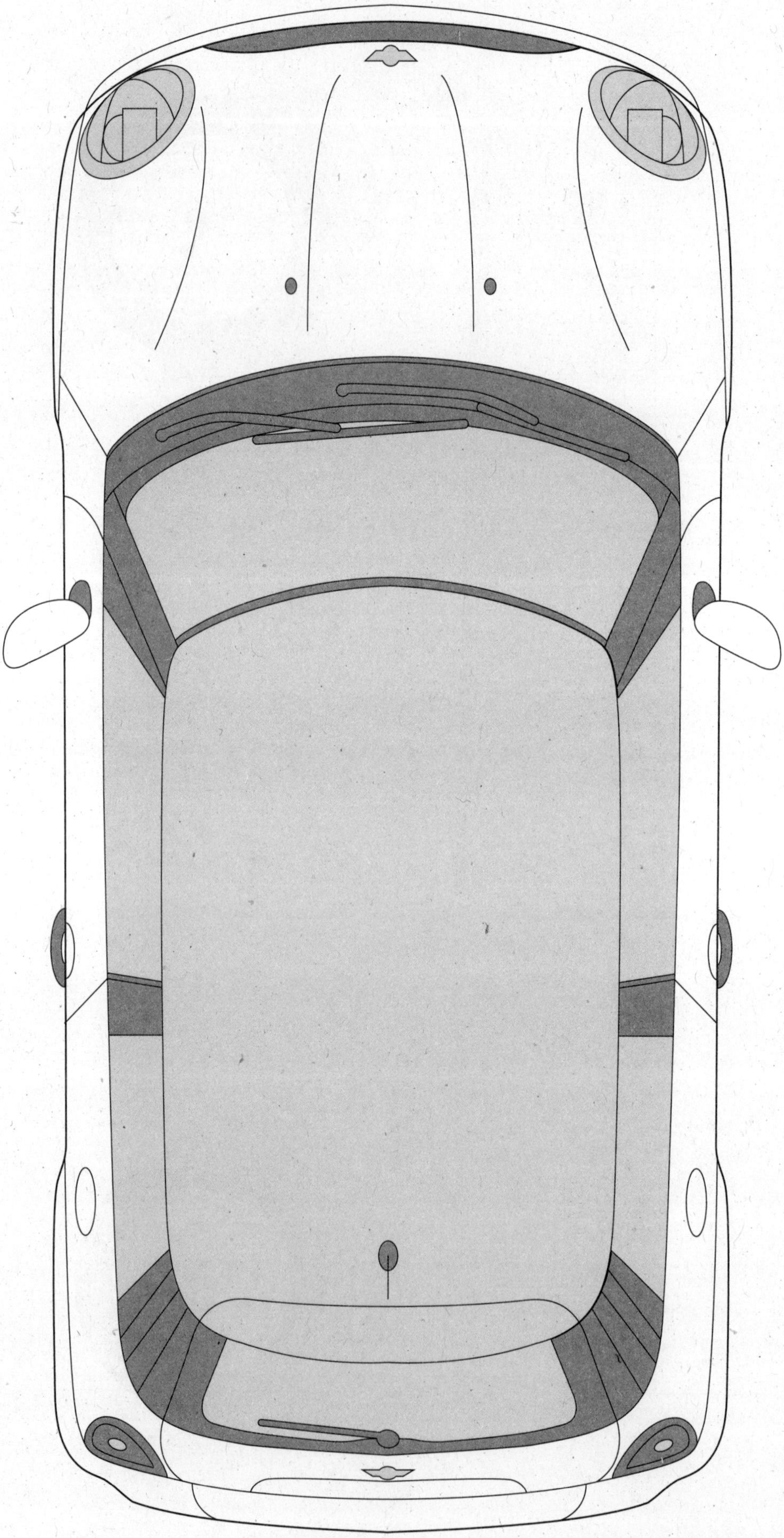

Aufgabe 18

In einer Fachzeitschrift finden Sie ein Kreuzworträtsel mit englischen/deutschen Fachbegriffen zum Thema Farbe und Schrift. Übersetzten Sie die Worte ins Deutsche und fügen Sie die deutschen Begriffe in das Kreuzworträtsel ein.
Hinweis: Schreiben Sie „Ä“ als „AE“.

1 color fan ____________________

2 color contrast ____________________

3 coloring ____________________

4 color pattern ____________________

5 color scheme ____________________

6 color illusions ____________________

7 color match ____________________

8 color identification ____________________

9 color shade/hue ____________________

10 color trend ____________________

11 color effect ____________________

12 font ____________________

13 font arrangement ____________________

14 font selection ____________________

15 font mixing ____________________

16 font group ____________________

17 effects of font ____________________

18 roman character ____________________

19 cursive character ____________________

20 sans serif character ____________________

Kreuzworträtsel

Pos. 4 Kostenkalkulationen

Aufgabe 19

Der weiße Mini soll mit einer Folie beklebt werden, die das Logo und den Schriftzug des Autohauses trägt.
Das Logo hat die Größe von 1,00 m Breite und 0,60 m Höhe und soll auf beiden Seiten des Minis aufgebracht werden.

Ihr Chef hat bei zwei Firmen Angebote eingeholt und bittet Sie, das günstigste Angebot herauszufinden.

Angebot 1

Plotterfolie 120 cm breit	28,50 €/m
Plotten des Motivs	40,00 €/h

Angebot 2

Plotterfolie 120 cm breit	33,40 €/m
Plotten des Motivs	im Preis inbegriffen

Das Plotten des Logos dauert 25 Minuten.

Angebot 1

Angebot 2

Aufgabe 20

Führen Sie eine Kostenkalkulation der Arbeitsstunden durch.

Der Geselle kostet den Betrieb 41,78 € je Stunde.
Ein Auszubildender kostet den Betrieb 14,03 € je Stunde.

Der Geselle benötigt nur ein Drittel der Arbeitszeit.

a) Welche Arbeitszeitvariante ist die günstigste?

b) Berechnen Sie die Arbeitskosten für den Gesellen und den Auszubildenden, wenn der Geselle zwei Stunden und der Auszubildende fünf Stunden für den gesamten Arbeitsauftrag benötigt.

Aufgabe 21

Um Ihr Wissen bezüglich der Abwicklung von Aufträgen für die Gesellenprüfung aufzufrischen, vertiefen Sie einige Definitionen rund um den Stundenverrechnungssatz.

a) Woraus setzt sich der Stundenverrechnungssatz zusammen?

b) Erklären Sie die Begriffe Bruttostundenlohn und Ecklohn.

c) Was sind lohnabhängige Gemeinkosten?

d) Wozu dienen „Wagnis und Gewinn“?

e) Wie hoch ist der Zuschlag für „Wagnis und Gewinn“?

f) Vervollständigen Sie folgende Angaben zum Stundenverrechnungssatz.

Ecklohn + lohnabhängige Gemeinkosten = ______________________

______________ + Wagnis und Gewinn = ______________________

______________________ + Mehrwertsteuer = ______________________

ENTWICKELN EINER CORPORATE-IDENTITY-MAẞNAHME

Um auch im Vorfeld der anstehende Messe „Tuning-Trend" den Bekanntheitsgrad zu erhöhen, beabsichtigt Ihr Kunde, eine Corporate-Identity-Maßnahme durchzuführen.

Leistungsbeschreibung

Pos. 1 Geeignete Maßnahmen zur Durchführung einer Corporate Identity
Pos. 2 Auswahl geeigneter Werbemittel

Pos. 1 Geeignete Maßnahmen zur Durchführung einer Corporate Identity

Aufgabe 22

Um geeignete Maßnahmen für eine Corporate Identity zu planen, machen Sie sich im Vorfeld Gedanken über den Ablauf der Werbekampagne. Nennen Sie die fünf „M"s der Werbeplanung und erklären Sie diese an einem Beispiel.

Aufgabe 23

Wie würden Sie entscheiden?
Während Ihrer Recherche nach geeigneten Werbemitteln stoßen Sie wiederholt auf den Begriff „Public Relations". Recherchieren Sie im Internet, was das bedeutet, und erklären Sie den Begriff.

Aufgabe 24

Der Auszubildende aus dem zweiten Lehrjahr wirft ständig die Begriffe Corporate Identity (CI) und Corporate Design (CD) durcheinander. Erklären Sie ihm die Unterschiede.

Corporate Identity (CI):

Corporate Design (CD):

Aufgabe 25

Erklären und übersetzen Sie die Begriffe Corporate Behaviour (CB) und Corporate Communication (CC).

Corporate Behaviour:

Corporate Communication:

Pos. 2 Auswahl geeigneter Werbemittel

Aufgabe 26

Um bei der Vielzahl der Werbemöglichkeiten den Überblick zu behalten und zweckdienliche Werbemittel auszuwählen, machen Sie sich die vier wichtigsten Werbegrundsätze klar. Nennen und beschreiben Sie diese.

Aufgabe 27

Wie würden Sie entscheiden?

Wählen Sie begründet drei Werbemittel aus, mit denen Sie im Vorfeld, im Sinne einer Werbekampagne, für den Auftritt des Autohauses Wankel auf der Messe werben wollen. Recherchieren Sie die Lösung im Internet.

Aufgabe 28

Wie würden Sie entscheiden?

Wählen Sie begründet zwei Werbemittel aus, mit denen Sie auf der „Tuning-Trend" für das Autohaus Wankel werben wollen, und diskutieren Sie Ihre Vorschläge mit Ihren Mitschülern.

Aufgabe 29

Um einen Werbebrief zu gestalten, müssen Sie sich für eine Satzart entscheiden.
Benennen Sie die folgenden Beispiele für Satzarten und entscheiden Sie sich begründet für eine Satzart.

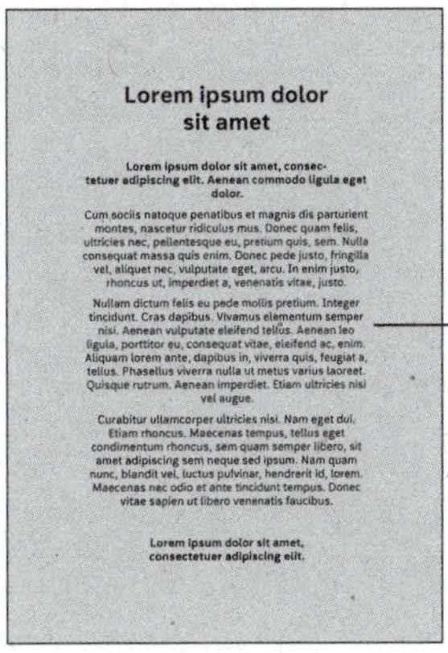

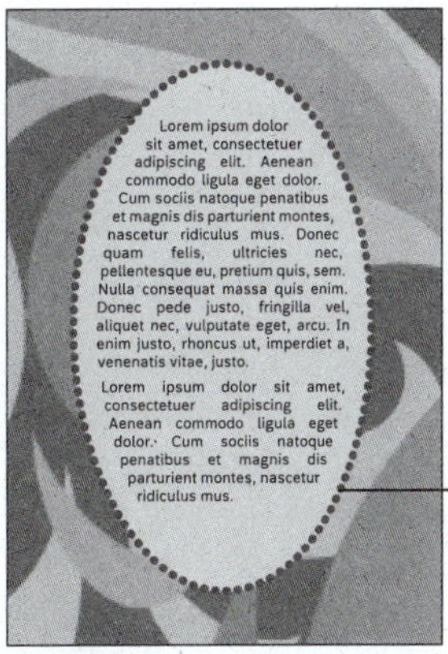

Aufgabe 30

Finden Sie die folgenden 23 Fachbegriffe im Suchrätsel. Markieren Sie diese und übersetzen Sie die Worte im Anschluss ins Deutsche.

advertising ______________________________

advertising-medium ______________________________

advertising-planning ______________________________

advertising-message ______________________________

advertising-target ______________________________

(advertising) media ______________________________

advertising-budget ______________________________

effectiveness-study ______________________________

money ______________________________

(advertising) mission ______________________________

advertising-principles ______________________________

attention ______________________________

interest ______________________________

desire ______________________________

action ______________________________

comprehension ______________________________

conviction ______________________________

(corporate) design ______________________________

(corporate) behaviour ______________________________

(corporate) communication ______________________________

(corporate) identity ______________________________

(corporate) image ______________________________

Public-Relations ______________________________

Suchrätsel:
Einige englische Begriffe zum Thema Werbung sind versteckt.

E	O	I	R	E	V	B	M	I	C	D	T	M	K	I	H	I	G	B
F	R	A	G	F	U	A	I	N	T	E	R	E	S	T	R	S	T	Z
F	D	D	K	L	I	Y	Q	A	B	S	G	H	I	K	L	T	A	S
E	C	V	F	W	M	C	B	D	G	I	A	S	D	V	B	D	M	J
C	D	E	T	E	O	N	N	V	H	G	Y	X	D	C	V	R	D	V
T	B	R	E	S	N	X	U	E	T	N	R	E	Q	W	F	E	U	B
I	N	T	W	R	E	S	T	R	Z	I	M	A	G	E	V	W	K	N
V	V	I	F	H	Y	A	G	T	U	I	K	L	O	N	B	T	L	M
E	V	S	B	N	B	D	M	I	S	S	I	O	N	B	N	E	R	Z
N	B	I	C	V	B	V	F	S	W	E	W	A	D	V	M	D	L	H
E	N	N	C	V	N	E	B	I	S	E	Z	Y	X	C	J	K	F	O
S	K	G	D	L	J	R	M	N	C	O	N	V	I	C	T	I	O	N
S	L	–	F	M	A	T	N	G	T	D	F	G	B	N	C	D	S	E
–	E	M	G	J	S	I	H	–	G	A	B	T	M	N	T	P	O	N
S	T	E	H	B	D	S	T	B	B	D	A	S	D	F	T	U	N	M
T	E	D	U	D	F	I	R	U	B	V	B	N	M	E	D	I	A	I
U	F	I	A	E	G	N	E	D	H	E	G	P	O	V	F	C	D	V
D	N	U	D	R	H	G	D	G	U	R	B	U	N	B	G	F	V	B
Y	F	M	V	T	J	–	F	E	I	T	N	B	U	N	H	E	E	G
V	C	F	E	Z	K	P	V	T	U	I	M	L	Y	H	J	R	R	T
B	X	R	R	U	L	L	B	F	R	S	J	I	G	Z	K	T	T	R
C	D	C	T	I	Y	A	Z	G	D	I	J	C	B	R	I	Z	I	D
X	E	V	I	O	X	N	U	R	E	N	U	–	N	D	U	G	S	C
A	E	B	S	P	C	N	M	T	A	G	Z	R	H	C	T	G	I	V
T	V	G	I	A	V	I	K	Z	S	–	Z	E	N	O	R	D	N	B
T	B	T	N	S	B	N	I	U	C	P	Z	L	J	M	G	S	G	N
E	B	Z	G	D	N	G	L	M	D	R	C	A	M	M	N	A	B	N
N	N	D	–	F	M	E	G	S	F	I	V	T	K	U	H	X	M	E
T	N	E	M	G	R	D	D	A	G	N	E	I	L	N	Z	C	E	T
I	G	D	E	S	I	R	E	E	B	C	S	O	O	I	N	B	G	V
O	R	X	S	S	D	F	G	H	A	I	A	N	U	C	Z	N	T	R
N	F	D	S	S	A	D	V	D	S	P	A	S	Z	A	A	R	U	F
A	C	W	A	C	T	I	O	N	D	L	D	W	G	T	X	F	R	D
T	X	E	G	Y	A	W	V	C	G	E	F	E	V	I	S	V	E	C
I	X	H	E	F	F	E	C	F	B	S	V	R	X	O	W	C	G	E
E	C	C	O	M	P	R	E	H	E	N	S	I	O	N	Y	D	E	S
T	V	J	D	E	B	N	Z	R	F	U	J	K	M	N	X	F	N	R
B	E	H	A	V	I	O	U	R	U	R	I	D	E	N	T	I	T	Y
I	N	L	K	N	C	F	S	A	H	I	N	E	M	T	B	T	U	Y
I	A	D	V	E	R	T	I	S	I	N	G	–	T	A	R	G	E	T
N	A	E	A	S	C	B	N	Z	N	C	D	E	W	E	R	T	Z	Y

PRÄSENTATION UND BERATUNG BEIM KUNDEN

Um für die Präsentation Ihrer Ergebnisse beim Kunden die geeignetste Technik auszuwählen, beschäftigen Sie sich mit einigen infrage kommenden Methoden.

Aufgabe 31

Erstellung und Darbietung einer PowerPoint-Präsentation
Kreuzen Sie die korrekten Aussagen zur Erstellung einer PowerPoint-Präsentation an.

- ☐ Verwenden Sie so viele Folien wie nötig und so wenig wie möglich.
- ☐ Stellen Sie auf Ihren Folien nur die wesentlichen Informationen dar.
- ☐ Schreiben Sie auch Inhalte auf die Folien, die Sie nicht ansprechen, das weckt Interesse.
- ☐ Schreiben Sie nur Inhalte auf die Folien, die Sie auch ansprechen.
- ☐ Schreiben Sie komplizierte Sätze auf Ihre Folien, damit können Sie Aufmerksamkeit erregen.
- ☐ Verwenden Sie pro Hauptaussage eine Folie.
- ☐ Verwenden Sie bei Textfolien maximal 7 Zeilen.
- ☐ Verwenden Sie Stichpunkte statt ganzer Sätze.
- ☐ Achten Sie auf Einheitlichkeit Ihrer Formulierungen.
- ☐ Schreiben Sie zusammenhängenden Text auf die Folien, das ist leichter verständlich als Stichpunkte.
- ☐ Verwenden Sie Aufzählungszeichen.
- ☐ Stellen Sie zu Beginn des Vortrags Ihre Gliederung vor.
- ☐ Blenden Sie so oft wie möglich Ihre Gliederung ein, damit Sie mehr Folien bekommen.
- ☐ Nutzen Sie Comic-Schriften, dann sind die Zuhörer eher bereit, den Text zu lesen.
- ☐ Verwenden Sie leicht lesbare Schriften.
- ☐ Verwenden Sie innerhalb einer Präsentation immer dieselben Schriftgrößen.
- ☐ Variieren Sie so oft wie möglich Ihre Schriften und Schriftgrößen, das erzeugt Aufmerksamkeit.
- ☐ Passen Sie die Schriftgröße dem Medium an.
- ☐ Schreiben Sie alles in Großbuchstaben, das erleichtert das Lesen.
- ☐ Nutzen Sie Groß- und Kleinschreibung.
- ☐ Verwenden Sie helle Schriften auf weißem Hintergrund, das macht neugierig.
- ☐ Verwenden Sie dunkle Schriften auf hellem Hintergrund.
- ☐ Nutzen Sie nur 1–2 gewählte Hervorhebungsarten.
- ☐ Verwenden Sie so viele Hervorhebungen wie möglich, das wirkt lebhafter.
- ☐ Visualisieren Sie Ihre Inhalte.
- ☐ Nutzen Sie 3-dimensionale Darstellungen, das ist immer modern.
- ☐ Lassen Sie alles auf unterschiedliche Weise erscheinen, das zeigt, dass Sie PowerPoint beherrschen.
- ☐ Animieren Sie so einfach wie möglich, weniger ist mehr.

Aufgabe 32

a) Lesen Sie den unten stehenden Text.
b) Markieren Sie die Hauptinformationen.
c) Erstellen Sie anhand der Hauptinformationen eine Folie bzw. eine geeignete Anzahl an Folien – entsprechend der Kriterien für Folienerstellung.

Werbemittel
Werbemittel sind Werbebotschaften, die durch unterschiedliche Werbeträger an die Konsumenten übermittelt werden. Ein Werbemittel kann z. B. eine Anzeige sein, als Werbeträger für diese Anzeige kann eine Zeitung oder Zeitschrift dienen. Der Werbeträger ist das Medium, mit dem die Werbebotschaft übermittelt wird.

Traditionelle Werbemittel sind z. B. gedruckte Anzeigen und Beilagen in Zeitungen, Spots im Fernsehen, Plakate und Werbegeschenke. Moderne Werbemittel können Onlinewerbung wie Werbebanner und Popups sein.

Werbemittel wirken durch Kombination der Werbeelemente zu optischen, akustischen oder optisch-akustischen Werbemitteln. Werbeelemente können z. B. Farben, Formen, Bilder und Grafiken, Typografie und Schrift, Licht, Sprache und Musik und Papier sein.

Das geeignete Werbemittel wird bei der Planung einer Werbekampagne ausgewählt. Wichtig für die Auswahl des Werbemittels sind die Zielgruppe und deren Medienkonsum.

Um möglichst viele Personen anzusprechen, wird meistens nicht nur ein Werbemittel, sondern eine Kombination aus mehreren Werbemitteln gewählt, der Mediamix. Ist eine Entscheidung über die Werbemittel gefallen, werden meistens anschließend die passenden Werbeträger ausgewählt.

Aufgabe 33

Präsentation im Kundengespräch

a) Nennen Sie mindestens drei wichtige Regeln für Körpersprache bei einer Präsentation.

b) Nennen Sie mindestens drei wichtige Regeln für Ihre Sprache bei einer Präsentation.

Aufgabe 34

So kommt Ihr Kundengespräch gut an: Kreuzen Sie die korrekten Aussagen an.

- Ich muss dem Kunden keine Fachbegriffe erklären und brauche diese daher selbst auch nicht zu kennen. ☐
- Ich variiere Stimme und Tonlage. ☐
- Ich halte Augenkontakt zum Kunden. ☐
- Ich komme zu spät zur Präsentation, um Spannung zu erzeugen. ☐
- Durch Gesten unterstreiche ich den Vortrag. ☐
- Ich beginne erst, wenn ich mir der Aufmerksamkeit sicher bin. ☐
- Ich spreche langsam. ☐
- Ich spreche in meiner Alltagssprache, der Kunde weiß schon, was ich meine. ☐
- Meine Sätze sind kurz, einfach und verständlich. ☐
- Ich bringe Material und Anschauungsbeispiele mit. ☐

Aufgabe 35

Mindmap

Nennen Sie mindestens vier wichtige Gestaltungsregeln für die Erstellung einer Mindmap.

Aufgabe 36

Erstellen Sie eine Mindmap zum Thema **Kommunikation** und verwenden dazu folgende Begriffe.

Verbale Kommunikation, nonverbale Kommunikation, vokale nonverbale Mittel, Lautstärke, Betonung, Körpersprache, geschriebene Sprache, gesprochene Sprache, Tonlage, Sprechtempo, Sprechpausen, Mimik, Gestik, Arme, Hände, Nase, Augen, Stirn

Bildquellenverzeichnis

| Alamy Stock Photo, Abingdon/Oxfordshire: Alvey & Towers Picture Library 192.14, 193.16; AndKa 202.3; Balcombe, Andrew 192.16; Belogorodov, Roman 33.16; Blackler, Jeffrey 33.25; Bull, Chris 202.1; Burmeister, Holger 33.20; CHROMORANGE / Hans Guenter Mischkowski 192.13; CoinUp 202.2; CTK 202.4; Devlin, John 202.14; Eden Breitz 33.21; Evans, Robert 33.4; filmfoto-04edit-tech 33.5; foto-zone 193.17; Francis, Rob 193.3; Galati, Mario 193.18; Gilbert, Jeff 202.5; Goddard Automotive 192.9; Haines, Malcolm 193.12; Hiltula, Esa 33.3; Hubatka, Jiri 33.18; icollection 202.7; imageBROKER 33.17, 192.6, 192.10, 193.19; Karamuk, Emirhan 202.9; Kearley, Susie 33.9; Khatib, Faisal 202.6; Krudewig, Stephan 192.18, 193.11; Les. Ladbury 33.13; Little, Jonathan 193.9; Majgier, Dariusz 193.7; Mark Clemas Classics and Motorsport 33.6; Moraitis, Konstantinos 193.8; Motoring Picture Library 33.8, 33.22, 33.26, 192.2; Moucha, Wolfgang 193.15; nawson 33.14; Norwood, Susan 192.17; Oldtimer 33.11, 192.12, 193.10; Orlov, Dmitry 202.13; Petkovic, Dimitrije 202.12; Philippe, Elena 202.8; philipus 193.13; Pictorial Press Ltd 33.2; picturesbyrob 192.15; PRILL Mediendesign 33.7; public domain sourced / access rights from ART Collection 33.12, 193.20; public domain sourced / access rights from CPC Collection 192.3; public domain sourced / access rights from Historic Images 193.14; public domain sourced / access rights from NPC Collectiom 192.5; public domain sourced / access rights from PNC Collection 192.8; Savage, Maurice 33.1, 192.4, 192.7; Scheuern, Mark 202.16; Shangara Singh 192.11; Shaun Finch - Coyote-Photography.co.uk 193.5; Susan Norwood 193.6; Szefczyk, Borys 33.10, 192.1; thibault, claude 202.11; Trevor pearson 33.23; United Archives GmbH 193.2; VDWI Automotive 202.10, 202.15; Wahavi 193.1; Westmacott, Edd 111.3; Zastsenski, Mikalai 33.15. | BC GmbH Verlags- und Medien-, Forschungs- und Beratungsgesellschaft, Ingelheim: 28.2, 28.3. | deckermedia GbR, Rostock: 6.1, 6.2, 6.3, 6.4, 6.5, 6.6, 6.7, 6.8, 6.9, 6.10, 6.11, 7.1, 7.2, 7.3, 7.4, 7.5, 7.6, 7.7, 7.8, 7.9, 10.1, 15.1, 40.2, 41.1, 41.2, 55.1, 59.1, 59.2, 59.3, 59.4, 59.5, 59.6, 59.7, 63.1, 63.2, 63.3, 63.4, 63.5, 63.6, 63.7, 63.8, 65.1, 73.2, 73.3, 74.1, 74.2, 74.3, 74.4, 74.5, 74.6, 75.1, 75.2, 87.1, 89.1, 105.2, 105.3, 105.4, 105.5, 106.2, 106.3, 107.1, 107.2, 115.1, 115.2, 116.1, 117.1, 118.1, 119.4, 129.1, 133.1, 135.1, 136.1, 138.1, 138.2, 143.2, 149.1, 158.2, 160.1, 161.1, 163.2, 168.1, 179.1, 179.2, 185.1, 199.2, 199.3, 199.4, 211.2, 211.3, 212.1, 212.3, 212.4, 216.2, 218.1, 218.2, 219.1, 220.1, 233.1. | Finkenzeller, Bernhard, München: 23.1, 23.2, 31.1, 32.1, 32.2, 33.19, 33.24, 36.1, 36.2, 36.3, 36.4, 36.5, 39.1, 39.2, 39.3, 42.1, 42.2, 42.3, 42.4, 42.5, 42.6, 47.1, 47.2, 47.3, 49.1, 49.2, 49.3, 49.4, 53.1, 53.2, 54.1, 54.2, 56.1, 56.2, 56.3, 56.4, 56.5, 56.6, 56.7, 56.8, 56.9, 57.1, 58.1, 58.2, 58.3, 58.4, 58.5, 61.1, 61.2, 61.3, 61.4, 61.5, 62.1, 63.9, 63.10, 63.11, 63.12, 63.13, 67.1, 67.2, 67.3, 82.1, 82.2, 82.3, 84.2, 98.3, 172.1, 172.2, 172.3, 172.4, 173.1, 173.2, 173.3, 173.4, 176.1, 176.2, 176.3, 177.1, 177.2, 181.1, 181.2, 181.3, 182.1, 187.2, 187.3, 187.4, 188.1, 189.2, 189.3, 195.1. | Future Mindset 2050 GmbH, Gehrden: 97.1, 97.2, 97.3, 97.4, 97.5, 191.1, 198.1, 198.2, 198.3, 198.4, 198.5, 198.6, 198.7, 229.1, 229.2, 229.3, 229.4, 229.5, 229.6. | Herrmann, Uwe, Hannover: 124.1. | iStockphoto.com, Calgary: DevidDO Titel; loraks Titel; studo58 111.6. | Knötschke, Claudia, Seelze: 5.1, 22.1, 30.1, 119.2, 119.3. | Koch-Chemie GmbH, Unna: 188.3, 188.4, 189.1. | KonzeptQuartier GmbH, Fürth: 3.1, 3.2, 16.1, 16.2, 17.1, 26.1, 28.1, 38.1, 40.1, 43.1, 52.1, 60.1, 73.1, 75.3, 75.4, 77.1, 79.1, 86.1, 91.1, 92.1, 105.1, 106.1, 112.1, 128.1, 145.1, 151.1, 158.1, 158.3, 163.1, 164.1, 180.1, 182.2, 184.1, 187.1, 188.2, 204.1, 207.5, 213.1, 216.1, 226.1, 228.1, 228.2. | Lohan, Anke, Auetal: 37.1, 68.1, 78.1, 81.1, 121.1, 121.3, 143.1, 147.1, 150.1, 150.2, 150.3, 150.4, 150.5, 150.6, 150.7, 150.8, 150.9, 150.10, 150.11, 153.1, 156.1. | Mengel, Uta, Seelze: 12.1, 12.2, 76.1, 111.4, 119.1, 199.1, 203.1, 203.2, 203.3, 206.1, 206.2, 206.3, 207.1, 207.2, 207.3, 207.4, 208.1, 208.2, 208.3, 208.4, 208.5, 209.1, 209.2, 209.3, 209.4, 209.5, 209.6, 210.1, 210.2, 210.3, 211.1, 212.2, 217.1, 217.2; Lohan 146.1, 146.2, 146.3, 146.4, 146.5, 146.6, 146.7. | Michael Hirsch - ACD Video&Design, Wegberg: 110.1, 170.1, 171.1. | Peddinghaus Handwerkzeuge Vertriebs GmbH, Schwelm: 54.3, 54.4, 54.5, 54.6, 54.7, 54.8, 54.9, 61.6. | Robert Bosch Power Tools GmbH, Stuttgart: 84.1, 84.3. | Standox GmbH, Wuppertal: 98.1, 98.2, 98.4, 99.1, 100.1. | Stiftung AutoMuseum Volkswagen, Wolfsburg: 193.4. | stock.adobe.com, Dublin: adragan 111.2, 121.2; Angelov 178.9; Aoki, Nobuaki 178.5; auremar Titel; Chizhevskaya, Katie 111.5; GordonGrand 178.11; hep100 178.4; industrieblick 178.13, 178.14; jurij_kachkovskij 178.3; Kondratov, Aleksandr 178.2; peekeedee 111.1; pixelia97 178.1; ruslan_shramko 178.8; Schmidt, Yuri 101.1, 101.2, 101.3; Serg 178.7; svetlichniy_igor 178.12; thodonal 178.6; tournee 178.10.